BİR PASTIRMA SEVERLERİNİN YEMEK KİTABI

Kahvaltıdan Tatlıya Ağız Sulandıran
Tariflerle Pastırmanın Dayanılmaz
Büyüsüne kendinizi kaptırın

Yağmur Aydın

İÇİNDEKİLER _

GİRIİŞ

Her yemeği nefis bir başyapıta dönüştürme gücüne sahip sevilen bir malzeme olan pastırmanın cızırtılı dünyasına hoş geldiniz. Bu yemek kitabında pastırmanın rakipsiz lezzetini ve çok yönlülüğünü kutluyoruz, size damak tadınızı harekete geçirecek ve daha fazlasını arzulamanızı sağlayacak bir tarif koleksiyonu sunuyoruz. İster ömür boyu domuz pastırması meraklısı olun ister pastırma harikalarını keşfetmeye yeni başlıyor olun, bu yemek kitabı bu karşı konulamaz malzemenin tüm potansiyelini ortaya çıkarmanız için rehberinizdir.

Bu sayfalarda, çıtır ve dumanlıdan yumuşak ve karamelizeye kadar değişen tat ve dokulardan oluşan bir senfoni keşfedeceksiniz. Pastırma ve yumurta gibi klasik kahvaltılık ürünlerden pastırmaya sarılı deniz tarağı gibi gurme kreasyonlara ve pastırmalı doyurucu sandviçlerden pastırmalı şaşırtıcı tatlılara kadar bu yemek kitabı sizi unutulmaz bir mutfak yolculuğuna çıkaracak. Her tarif, pastırmanın masaya getirdiği inanılmaz lezzet çeşitliliğini sergileyerek özenle hazırlanmış.

Kendi mutfağınızda pastırma dolu bir maceraya atılmaya hazır olun. Size uzman pişirme ipuçları, teknikleri ve pastırmayı en sevdiğiniz yemeklere dahil etmenin yenilikçi yollarını sunacağız. İster bir brunch'a ev sahipliği yapıyor olun, ister hafta içi bir akşam yemeği hazırlıyor olun, ister özel bir gün ziyafeti hazırlıyor olun, pastırma mutfak kreasyonlarınızı zenginleştirecek ve misafirleriniz üzerinde kalıcı bir izlenim bırakacaktır.

Öyleyse önlüğünüzü alın, tavayı önceden ısıtın ve yalnızca pastırmanın sunabileceği ağız sulandıran lezzet senfonisine kendinizi kaptırmaya hazırlanın. Pastırmanın cızırtılı dünyasına dalalım!

EV YAPIMI PASTIRMA

1.Kürlenmiş Pastırma

İÇİNDEKİLER:

- 5 pound domuz yağı, derisi açık
- ½ bardak koşer tuzu
- ½ su bardağı esmer şeker
- 2 yemek kaşığı karabiber, taze çekilmiş
- 2 yemek kaşığı füme kırmızı biber
- 2 çay kaşığı pembe kür tuzu (Prag Tozu #1)

TALİMATLAR:

a) Bir kapta koşer tuzunu, esmer şekeri, karabiberi, füme kırmızı biberi ve pembe kür tuzunu birleştirin.

b) Karışımı domuz karnına eşit şekilde sürün ve her tarafının kaplandığından emin olun.

c) Baharatlı domuz karnını büyük, yeniden kapatılabilir bir torbaya koyun veya plastik ambalajla sıkıca sarın.

ç) Kürleme karışımını eşit şekilde dağıtmak için göbeği her 2 günde bir çevirerek 7-10 gün buzdolabında saklayın.

d) Kürleme süresinden sonra domuz göbeğini torbadan çıkarın ve fazla tuzu ve baharatı gidermek için soğuk su altında durulayın.

e) Sigara içicinizi 200°F (93°C)'ye önceden ısıtın ve domuz göbeğini 150°F (66°C) iç sıcaklığa ulaşana kadar 2-3 saat boyunca tütsüleyin.

f) Pastırmayı soğumaya bırakın, ardından birkaç saat veya gece boyunca buzdolabında saklayın.

g) Pastırmayı istediğiniz kalınlıkta dilimleyin ve mağazadan satın aldığınız pastırmayla yaptığınız gibi pişirin.

İÇİNDEKİLER:

- 2 kilo hindi göğsü, derisiz ve kemiksiz
- ¼ bardak koşer tuzu
- 2 yemek kaşığı şeker
- 1 yemek kaşığı karabiber, öğütülmüş
- 1 yemek kaşığı kurutulmuş kekik
- 1 yemek kaşığı füme kırmızı biber
- 1 çay kaşığı sarımsak tozu
- ½ çay kaşığı pembe kür tuzu (Prag tozu #1)

TALİMATLAR:

a) Bir kapta koşer tuzu, şeker, ezilmiş karabiber, kurutulmuş kekik, füme kırmızı biber, sarımsak tozu ve pembe kür tuzunu birleştirin.

b) Karışımı hindi göğsünün her yerine eşit şekilde kaplandığından emin olarak sürün.

c) Hindi göğsünü kilitli bir torbaya koyun ve her gün ters çevirerek 5-7 gün buzdolabında saklayın.

ç) Kürlenme süresinin ardından hindi göğsünü poşetten çıkarın ve soğuk su altında durulayın.

d) Hindi göğsünü kurulayın ve buzdolabında 12-24 saat açık havada kurumaya bırakın.

e) Fırını 175°F (80°C) veya mevcut en düşük sıcaklığa önceden ısıtın.

f) Hindi göğsünü tütsülenmiş bir tencerede tütsüleyin veya önceden ısıtılmış fırında 150°F (65°C) iç sıcaklığa ulaşana kadar pişirin.

g) Hindi pastırmasını dilimlemeden ve geleneksel pastırmaya lezzetli bir alternatif olarak kullanmadan önce tamamen soğumasını bekleyin.

KAHVALTI

İÇİNDEKİLER:

- 1 demet kuşkonmaz
- 6 dilim pastırma, pişmiş ve ufalanmış
- 8 yumurta
- 1/4 su bardağı süt
- 1/2 su bardağı rendelenmiş kaşar peyniri
- Tatmak için biber ve tuz

TALİMATLAR:

a)   Fırını önceden 375°F'ye (190°C) ısıtın.

b)   Kuşkonmazın sert uçlarını kesin ve 1 inçlik parçalar halinde kesin.

c)   Bir tavada kuşkonmazı orta ateşte yumuşayana kadar yaklaşık 5-6 dakika soteleyin.

ç)   Bir kapta yumurtaları, sütü, tuzu ve karabiberi birlikte çırpın.

d)   Pişmiş kuşkonmaz ve ufalanmış pastırmayı karıştırın.

e)   Karışımı yağlanmış 9 inçlik tart kalıbına dökün ve üzerine rendelenmiş kaşar peynirini serpin.

f)   Önceden ısıtılmış fırında 25-30 dakika veya frittata sertleşip üstü hafifçe altın rengi oluncaya kadar pişirin.

g)   Fırından çıkarın ve dilimleyip servis etmeden önce birkaç dakika soğumasını bekleyin.

4.Pastırma ve Yumurta Gnocchi Tava

İÇİNDEKİLER:

- 1 kiloluk patates gnocchi
- 6 dilim pastırma, pişmiş ve ufalanmış
- 4 yumurta
- 1 su bardağı bebek ıspanak
- ½ su bardağı rendelenmiş parmesan peyniri
- Tatmak için biber ve tuz
- Garnitür için doğranmış taze frenk soğanı

TALİMATLAR:

a) Gnocchi'yi paket talimatlarına göre pişirin. Drenaj yapın ve bir kenara koyun.

b) Büyük bir tavada pastırmayı çıtır çıtır olana kadar pişirin. Pastırmayı çıkarın ve kağıt havluların üzerine boşaltın. Pastırmayı küçük parçalara ayırın.

c) Aynı tavaya pişmiş gnocchi'yi ekleyin ve orta ateşte hafifçe kızarana kadar pişirin.

ç) Gnocchi'yi tavanın bir tarafına itin ve diğer tarafa yumurtaları kırın. Yumurtaları istediğiniz kıvamda pişirin.

d) Bebek ıspanakları tavaya ekleyin ve suyunu çekene kadar pişirin.

e) Rendelenmiş Parmesan peynirini, ufalanmış pastırmayı, tuzu ve karabiberi gnocchi ve yumurtaların üzerine serpin. İyice birleşene kadar her şeyi bir araya getirin.

f) Gnocchi tavasını tabaklara aktarın ve doğranmış frenk soğanı ile süsleyin. Derhal servis yapın.

5.Mavi Peynirli ve Pastırmalı Krep

İÇİNDEKİLER:

- 1 fincan çok amaçlı un
- 1 yemek kaşığı şeker
- 1 çay kaşığı kabartma tozu
- ½ çay kaşığı karbonat
- ¼ çay kaşığı tuz
- 1 bardak ayran
- 1 büyük yumurta
- 2 yemek kaşığı eritilmiş tereyağı
- ½ su bardağı ufalanmış mavi peynir
- ¼ bardak pişmiş pastırma, ufalanmış

TALİMATLAR:

a) Bir karıştırma kabında un, şeker, kabartma tozu, kabartma tozu ve tuzu birlikte çırpın.

b) Ayrı bir kapta ayran, yumurta ve eritilmiş tereyağını birlikte çırpın.

c) Islak malzemeleri kuru malzemelerin içine dökün ve birleşene kadar karıştırın.

ç) Ufalanmış mavi peyniri ve pişmiş pastırmayı ekleyin.

d) Yapışmaz bir tavayı veya ızgarayı orta ateşte ısıtın ve hafifçe yağlayın.

e) Her gözleme için ¼ fincan hamuru tavaya dökün. Yüzeyde kabarcıklar oluşana kadar pişirin, ardından çevirin ve 1-2 dakika daha pişirin.

f) Kalan meyilli ile tekrarlayın. Krepleri üzerine ufalanmış mavi peynir ve pastırma serperek servis edin.

İÇİNDEKİLER:

- 8 dilim ortadan kesilmiş pastırma
- 1½ su bardağı kepekli un
- 1½ çay kaşığı kabartma tozu
- 1 çay kaşığı karbonat
- ½ çay kaşığı tuz
- 2 büyük yumurta, dövülmüş
- 1 yemek kaşığı tereyağı, eritilmiş
- 1 çay kaşığı vanilya özü
- 1¼ bardak %2 az yağlı süt
- ¼ bardak akçaağaç şurubu

TALİMATLAR:

a) Fırını önceden 350°F'ye ısıtın.

b) Pastırmayı, parşömen kağıdıyla kaplı kenarlı bir fırın tepsisine tek bir kat halinde düzenleyin.

c) Pastırmayı fırına kaydırın ve 30 dakika veya pastırma pişene kadar pişirin.

ç) Pastırmayı fırından çıkarın ve pastırmayı soğuması için kağıt havluyla kaplı bir tabağa yerleştirin.

d) Büyük bir kapta un, kabartma tozu, kabartma tozu ve tuzu ekleyin. Malzemeleri birleştirmek için çırpın.

e) Başka bir kapta yumurtaları, tereyağını, vanilyayı, sütü ve akçaağaç şurubunu ekleyin ve Malzemeleri birleştirmek için çırpın.

f) Islak malzemeleri kuru malzemelere ekleyin ve her şeyi iyice birleştirmek için çırpın.

g) Hamuru 2 ila 3 dakika dinlendirin. Bu, tüm bileşenlerin bir araya gelmesini sağlar ve hamurun daha iyi bir kıvama sahip olmasını sağlar.

ğ) Yapışmaz bir tavaya veya ızgaraya bolca bitkisel yağ püskürtün ve orta ateşte ısıtın.

h) Tava ısındığında, tavaya bir pastırma şeridi yerleştirin. Pastırmanın üzerine ¼ bardak hamuru dökün. Hamuru pastırmanın yanı sıra pastırmanın kenarlarına da eşit şekilde dağıtın.

ı) Kenarları sabit görünene kadar pişirin, ardından krepi ters çevirerek pişirin. Bu kreplerin pastırma tarafının biraz daha çabuk piştiğini fark edebilirsiniz.

i) Krepin o tarafı da piştikten sonra pancake'i ocaktan alıp bir tabağa koyun.

j) Bu adımlara hamurun geri kalanıyla devam edin.

İÇİNDEKİLER:

- 2 su bardağı lahana, ince kıyılmış
- 1 fincan çok amaçlı un
- ¾ bardak su
- 2 büyük yumurta
- ½ su bardağı doğranmış soğan
- ½ bardak doğranmış pişmiş pastırma veya karides (isteğe bağlı)
- ¼ bardak mayonez
- 2 yemek kaşığı Worcestershire sosu
- 1 yemek kaşığı soya sosu
- Servis için palamut pulları (kurutulmuş balık pulları) ve zencefil turşusu

TALİMATLAR:

a) Büyük bir kapta lahanayı, unu, suyu, yumurtaları, yeşil soğanları ve pişmiş pastırma veya karidesleri (kullanılıyorsa) birleştirin. İyice karıştırın.

b) Yapışmaz bir tavayı veya ızgarayı orta ateşte ısıtın ve hafifçe yağlayın.

c) Hamurun ¼ su bardağını tavaya dökün ve daire şeklinde yayın.

ç) Altı altın rengi oluncaya kadar 3-4 dakika pişirin, sonra çevirin ve 3-4 dakika daha pişirin.

d) Kalan meyilli ile tekrarlayın. Okonomiyaki'yi mayonez, Worcestershire sosu ve soya sosuyla gezdirerek servis edin. Palamut pullarını serpin ve zencefil turşusu ile servis yapın.

İÇİNDEKİLER:

SOS:

- 4 yemek kaşığı tuzsuz tereyağı
- ½ bardak akçaağaç şurubu
- 3 yemek kaşığı ağır krema
- 2 yemek kaşığı tekila
- ⅛ çay kaşığı tuz
- 1 yemek kaşığı limon suyu

FRANSIZ USULÜ TOST:

- 8 dilimlenmiş sert ağaç füme pastırma
- 4 (1 inç kalınlığında) dilim brioche veya challah ekmeği
- 5 büyük yumurta
- ⅔ bardak süt
- 1 çay kaşığı vanilya özü
- ⅛ çay kaşığı tuz

TALİMATLAR

a) Fırını önceden 375° F'ye ısıtın.

b) Tereyağını küçük bir tencerede orta ateşte eritin.

c) Akçaağaç şurubunu, kremayı, tekilayı ve tuzu karıştırın.

ç) Kaynamaya bırakın ve sık sık karıştırarak, yaklaşık 5 dakika hafifçe koyulaşana kadar pişirin. Ateşten alın ve limon suyunu ekleyerek karıştırın.

d) Yaylı mini tavaların her birinin kenarlarına 2 dilim domuz pastırmasını gerektiği kadar üst üste gelecek şekilde yerleştirin, böylece tavanın alt kısmında değil, yalnızca yan taraflarında olur.

e) Ekmek dilimlerini gerektiği gibi kesin ve kesin, böylece onları pastırma "etrafında" olacak şekilde her tavaya rahatça yerleştirebilirsiniz.

f) Yumurtaları, sütü, vanilyayı ve tuzu bir kasede çırpın. Karışımı ekmek dilimlerinin üzerine kaşıkla dökün veya dökün, sıvının emilmesi için gerektiği kadar durun.

g) 10 dakika bekletin, dilimleri çatalla bir veya iki kez delin. Yaylı kalıpları fırın tepsisine yerleştirin.

ğ) Yumurtalar sertleşene ve Fransız tostu kabarıncaya kadar yaklaşık 23-25 dakika pişirin. Ekmek pudinglerini tavalardan çıkarın ve üzerine sosu kaşıkla servis yapın.

İÇİNDEKİLER:

- 2 su bardağı Bisquick karışımı
- ⅔ bardak süt
- 6 yumurta, dövülmüş
- 1 su bardağı rendelenmiş kaşar peyniri
- 1 su bardağı pişmiş pastırma veya sosis, ufalanmış
- ½ su bardağı doğranmış biber
- ½ bardak doğranmış soğan
- Tatmak için biber ve tuz

TALİMATLAR:

a) Fırını önceden 220°C'ye (425°F) ısıtın ve pizza tavasını veya fırın tepsisini yağlayın.

b) Pizza kabuğunu oluşturmak için bir karıştırma kabında Bisquick karışımını ve sütü birleştirin.

c) Yağlanmış tepsiye hamuru yayıp yuvarlak pizza hamuru şekli verin.

ç) Ayrı bir kapta çırpılmış yumurta, rendelenmiş peynir, pişmiş pastırma veya sosis, dolmalık biber, soğan, tuz ve karabiberi karıştırın.

d) Yumurta karışımını hazırlanan pizza kabuğunun üzerine dökün.

e) 15-18 dakika veya yumurtalar sertleşene ve kabuk altın rengi kahverengi olana kadar pişirin.

f) Dilimleyin ve lezzetli bir kahvaltı pizzası olarak servis yapın.

İÇİNDEKİLER:

- 2 su bardağı Bisquick karışımı
- ½ bardak süt
- 4 yumurta
- 1 su bardağı rendelenmiş kaşar peyniri
- 1 su bardağı doğranmış sebze (ıspanak, mantar ve biber gibi)
- ½ bardak pişmiş pastırma veya jambon, doğranmış
- Tatmak için biber ve tuz

TALİMATLAR:

a) Fırını önceden 375°F'ye (190°C) ısıtın ve turta kalıbını yağlayın.

b) Bir karıştırma kabında Bisquick karışımını, sütü ve yumurtaları birleştirerek kiş kabuğunu hazırlayın.

c) Yağlanmış tart kalıbının tabanına ve yanlarına, kabuk karışımını eşit şekilde dağıtın.

ç) Başka bir kapta rendelenmiş peyniri, doğranmış sebzeleri, pişmiş pastırma veya jambonu, tuzu ve karabiberi karıştırın.

d) Karışımı pasta kabuğunun içine dökün.

e) 30-35 dakika veya ortası sertleşene ve kabuk altın kahverengi olana kadar pişirin.

f) Dilimleyip servis yapmadan önce kişin birkaç dakika soğumasını bekleyin.

İÇİNDEKİLER:

- 250 gram hazır haddelenmiş puf böreği
- 4 serbest gezinen yumurta
- 2 adet dilimlenmiş mantar
- 6-8 dilim çizgili pastırma
- Kiraz Domates
- Taze kekik
- Kurutulmuş füme biber gevreği
- H ve dolu seçtiğiniz gr dereceli peynir

TALİMATLAR:

a)   Öncelikle fırınınızı 180°C civarına gelene kadar soğumaya bırakın.

b)   Milföy hamurunuzu dört kareye kesin ve yüksek ısıda pişirme için pişirme kağıdıyla kaplı bir fırın tepsisine yerleştirin.

c)   10 dakika kadar veya hamur işi kabarıp altın kahverengiye dönene kadar pişirin.

ç)   Pastırmanızı kızartın . _ Pastırma pişmeye başladıktan sonra mantarları ve bir miktar zeytinyağını ekleyin.

e)   kenarları hafifçe kaldıracak şekilde her birinin ortasına bastırın .

f)   Pastırma ve mantarları üstüne koyun, ardından bol miktarda peynir serpin. Cesur hissediyorsanız yanlara birkaç kiraz domates ekleyin.

g)   Odun yanan fırınınızda her tartın ortasına birer yumurta kırın ve 10-15 dakika daha pişirin.

h)   Yumurtalar bittiğinde tavadan çıkarın ve lezzetli kahvaltı lezzetlerinin tadını çıkarın!

İÇİNDEKİLER:

- 2 fincan çok amaçlı un
- 2 yemek kaşığı toz şeker
- 1 yemek kaşığı kabartma tozu
- ½ çay kaşığı tuz
- 2 büyük yumurta
- 1¾ su bardağı süt
- ⅓ fincan tuzsuz tereyağı, eritilmiş
- 1 su bardağı rendelenmiş kaşar peyniri
- 6 dilim pastırma, pişmiş ve ufalanmış
- İsteğe bağlı malzemeler: ilave rendelenmiş kaşar peyniri, doğranmış yeşil soğan

TALİMATLAR:

a) Waffle demirinizi üreticinin talimatlarına göre önceden ısıtın.

b) Büyük bir karıştırma kabında un, şeker, kabartma tozu ve tuzu birlikte çırpın.

c) Ayrı bir kapta yumurtaları çırpın. Sütü ve eritilmiş tereyağını ekleyin. İyice birleşene kadar çırpın.

ç) Islak malzemeleri kuru malzemelerin içine dökün ve birleşene kadar karıştırın. Fazla karıştırmayın; birkaç topak iyidir.

d) Rendelenmiş çedar peynirini ve ufalanmış pastırmayı hamurun içine katlayın.

e) Waffle demirini pişirme spreyi ile hafifçe yağlayın veya eritilmiş tereyağıyla fırçalayın.

f) Waffle makinenizin boyutuna göre tavsiye edilen miktarı kullanarak hamuru önceden ısıtılmış waffle makinesine dökün.

g) Kapağı kapatın ve waffle'lar altın rengi kahverengi ve gevrek oluncaya kadar pişirin.

ğ) Waffle'ları dikkatlice ütüden çıkarın ve hafifçe soğuması için tel ızgaraya aktarın.

h) Tüm waffle'lar pişene kadar işlemi kalan hamurla tekrarlayın.

ı) Pastırma ve kaşarlı waffle'ları, üzerine rendelenmiş kaşar peyniri serperek ve istenirse bir tutam doğranmış yeşil soğanla sıcak olarak servis edin.

13.Mısır gevreği kahvaltılık güveç

İÇİNDEKİLER:

- 4 su bardağı mısır gevreği
- 8 dilim ekmek, küp şeklinde
- 2 su bardağı pişmiş jambon veya domuz pastırması, doğranmış
- 2 su bardağı rendelenmiş kaşar peyniri
- 6 büyük yumurta
- 2 bardak süt
- 1 çay kaşığı Dijon hardalı
- ½ çay kaşığı tuz
- ¼ çay kaşığı karabiber

TALİMATLAR:

a)   Fırınınızı önceden 350°F (175°C) ısıtın. 9x13 inçlik bir pişirme kabını yağlayın.

b)   Hazırlanan yemeğin tabanına mısır gevreğinin yarısını yayın.

c)   Üstüne ekmek küplerinin yarısını, jambonu veya pastırmayı ve rendelenmiş peyniri ekleyin. Başka bir mısır gevreği, ekmek, jambon veya domuz pastırması ve peynir tabakasıyla tekrarlayın.

ç)   Büyük bir kapta yumurtaları, sütü, Dijon hardalını, tuzu ve karabiberi birlikte çırpın.

d)   Yumurta karışımını pişirme kabındaki katmanlı malzemelerin üzerine eşit şekilde dökün.

e)   Ekmeğin yumurta karışımına batırıldığından emin olmak için çatalla hafifçe bastırın.

f)   Ekmeğin sıvıyı emmesini sağlamak için güveyi yaklaşık 10-15 dakika bekletin.

g)   35-40 dakika veya üstü altın rengi kahverengi olana ve yumurtalar sertleşene kadar pişirin.

ğ)   Fırından çıkarın ve servis yapmadan önce birkaç dakika soğumasını bekleyin.

İÇİNDEKİLER:

- 12 dilim pastırma
- 2 su bardağı gözleme karışımı
- Süsleyin: tereyağı, akçaağaç şurubu

TALİMATLAR:

a) Orta ateşte ayarlanmış bir ızgarada pastırmayı gevrekleşinceye kadar pişirin. Drenaj yapın, 2 yemek kaşığı damlamayı ayırın.

b) Bu arada, daha yoğun bir hamur elde etmek için biraz su veya süt atlayarak, paketin talimatlarına göre gözleme karışımını hazırlayın.

c) Pastırma dilimlerini, ayrılmış damlamalarla yağlanmış bir ızgaraya 2 inç aralıklarla yerleştirin. Her dilimi kaplayacak şekilde her pastırma parçasının üzerine gözleme hamurunu yavaşça dökün.

ç) Her iki tarafı da altın rengi olana kadar pişirin; tereyağı ve akçaağaç şurubu ile servis yapın.

15. Yumurta Benedict

İÇİNDEKİLER:

- 4 İngiliz çöreği, bölünmüş ve kızartılmış
- 16 dilim Kanada pastırması
- 8 yumurta
- ¼ bardak artı 1 yemek kaşığı tereyağı, bölünmüş
- ¼ bardak çok amaçlı un
- 1 çay kaşığı kırmızı biber
- ⅛ çay kaşığı hindistan cevizi
- 2 bardak süt
- 8 onsluk rendelenmiş İsviçre peyniri paketi
- ½ su bardağı tavuk suyu
- 1 su bardağı mısır gevreği, ezilmiş

TALİMATLAR:

a)   Hafifçe yağlanmış 13 "x9" fırın tepsisine muffinleri bölünmüş tarafı yukarı bakacak şekilde yerleştirin.

b)   Her muffin yarısına 2 pastırma dilimi yerleştirin. Büyük bir tavayı yarısına kadar suyla doldurun; sadece kaynamaya getirin. Bir yumurtayı bir tabağa kırın; dikkatlice suya kaydırın.

c)   3 yumurta daha ekleyerek işlemi tekrarlayın. Kapağı açık olarak 3 dakika veya sadece katılaşana kadar pişirin. Delikli bir kaşıkla yumurtaları çıkarın. Kalan yumurtalarla tekrarlayın.

ç)   Her muffin yarısına bir yumurta koyun; bir kenara koyun. Orta ateşteki bir tencerede ¼ bardak tereyağını eritin; un, kırmızı biber ve hindistan cevizini ekleyip karıştırın. Süt ekleyin; koyulaşana ve kabarcıklanana kadar pişirin ve karıştırın.

d)   Eriyene kadar peyniri karıştırın; et suyu ekleyin. Sosu yumurtaların üzerine dikkatlice kaşıklayın. Kalan tereyağını eritin; mısır gevreğini karıştırın ve üzerine serpin. Örtün ve gece boyunca buzdolabında saklayın.

e)   Tamamen ısıtılıncaya kadar 20 ila 25 dakika boyunca 375 derecede üstü açık pişirin.

İÇİNDEKİLER:

- 3 Yemek kaşığı tereyağı, eritilmiş
- 1½ pound kırmızı derili patates, ¼ inç dilimler halinde kesilmiş
- ¼ çay kaşığı tuz
- ¼ çay kaşığı biber
- 6 dilim pastırma
- Süsleyin: taze kekik yaprakları

TALİMATLAR:

a)   Dökme demir tavayı eritilmiş tereyağıyla kaplayın. Patatesleri bir tavaya katlayın; her katmanı tuz ve karabiberle baharatlayın.

b)   Pişmemiş pastırma dilimlerini üstüne yerleştirin.

c)   Kapağı açık olarak 425 derecede 40 dakika veya pastırma gevrekleşip patatesler yumuşayana kadar pişirin.

ç)   Kekik yapraklarıyla süsleyin.

İÇİNDEKİLER:

- ½ bardak esmer şeker, paketlenmiş
- 2 Yemek kaşığı pul biber
- 1 çay kaşığı öğütülmüş kimyon
- 1 çay kaşığı kimyon tohumu
- 1 çay kaşığı öğütülmüş kişniş
- ¼ çay kaşığı acı biber
- 10 kalın dilim pastırma

TALİMATLAR:

a) Alüminyum folyo ile 15 "x10" jöle rulo tavasını hizalayın.

b) Tavaya bir tel ızgara yerleştirin ve bir kenara koyun.

c) Pastırma dışındaki tüm malzemeleri birleştirin.

ç) Karışımı büyük bir yağlı kağıt parçasının üzerine serpin.

d) Pastırma dilimlerini iyice kaplayacak şekilde çevirerek karışıma bastırın.

e) Tavadaki tel rafın üzerine tek kat halinde yerleştirin; tavayı fırının orta rafına yerleştirin.

f) 400 derecede 12 dakika pişirin; pastırmayı ters çevirin.

g) 10 dakika daha veya koyu kahverengi olana kadar fakat yanmayana kadar pişirin. Kağıt havluların üzerine boşaltın; sıcak servis yapın.

İÇİNDEKİLER:
- 8 dilim domuz pastırması, çıtır çıtır pişmiş, ufalanmış ve damlayan kısımlar ayrılmış
- 10 c. patates, soyulmuş, pişirilmiş ve küp şeklinde
- 3 soğan, dilimlenmiş
- tatmak için biber ve tuz

TALİMATLAR:
a) Büyük bir tavada, orta ateşte ısıyla ayrılmış damlamalar. Tavaya patates ve soğanı ekleyin.
b) Patatesler altın rengini alana ve soğanlar yumuşayana kadar yaklaşık 25 dakika pişirin.
c) Tatmak için tuz ve karabiber ekleyin; ayrılmış pastırmayı karıştırın.

İÇİNDEKİLER:

- 1 paket peynir veya etli mantı
- 4 su bardağı karışık salata yeşillikleri
- 1 su bardağı kiraz domates, ikiye bölünmüş
- ½ bardak dilimlenmiş salatalık
- ¼ bardak dilimlenmiş kırmızı soğan
- ¼ bardak ufalanmış pastırma
- Haşlanmış yumurta, dilimlenmiş
- Dilediğiniz salata sosu

TALİMATLAR:

a)   Mantıyı paket talimatlarına göre pişirin. Drenaj yapın ve bir kenara koyun.

b) Büyük bir salata kasesinde karışık salata yeşilliklerini, kiraz domatesleri, dilimlenmiş salatalıkları, dilimlenmiş kırmızı soğanı, ufalanmış domuz pastırmasını ve dilimlenmiş haşlanmış yumurtaları birleştirin.

c)   Pişen mantıyı salata kasesine ekleyin.

ç)   En sevdiğiniz salata sosunu salatanın üzerine gezdirin ve birleştirin.

d) Mantı kahvaltı salatasını hemen servis edin.

İÇİNDEKİLER:

- 8 dilim pastırma, gevrek pişirilmiş, ufalanmış ve bölünmüş
- 9 inçlik dondurulmuş pasta kabuğu çözüldü
- 2 su bardağı rendelenmiş Monterey Jack peyniri
- 10 onsluk dondurulmuş doğranmış ıspanak paketi, çözülmüş ve süzülmüş
- 1½ su bardağı süt
- 3 yumurta, dövülmüş
- 1 Yemek kaşığı çok amaçlı un

TALİMATLAR:

a) Ufalanmış pastırmanın yarısını pasta kabuğunun tabanına serpin. Peyniri, ıspanağı, sütü, yumurtayı ve unu karıştırın. Kabuğun üzerine dökün.

b) Kalan ufalanmış pastırmayı üstüne serpin.

c) Bir saat boyunca veya ortası sertleşene kadar 350 derecede pişirin.

İÇİNDEKİLER:

- 12 dilim pastırma, gevrek pişirilmiş ve ufalanmış
- 1 su bardağı rendelenmiş İsviçre peyniri
- ½ bardak bisküvi pişirme karışımı
- ⅓ bardak artı 2 yemek kaşığı mayonez, bölünmüş
- ¾ bardak süt
- ⅛ çay kaşığı biber
- 2 yumurta, dövülmüş
- 1 su bardağı kıyılmış marul
- 6 ince dilim domates

TALİMATLAR:

a) Hafifçe yağlanmış 9 inçlik bir pasta tabağına pastırma ve peyniri katlayın. Bir kapta, karıştırılana kadar pişirme karışımını, ⅓ bardak mayonez, süt, karabiber ve yumurtaları birlikte çırpın. Peynirin üzerine dökün.

b) Üst kısmı altın rengi olana ve ortasına batırılan bıçak temiz çıkana kadar 350 derecede 25 ila 30 dakika pişirin. 5 dakika bekletin. Kalan mayonezi pastanın üzerine yayın.

c) Marul serpin; Marulun üzerine domates dilimlerini dizin.

İÇİNDEKİLER:

- 1 ve ½ su bardağı su
- 4 taze soğan, doğranmış
- 6 ons pastırma, doğranmış
- ½ su bardağı doğranmış kırmızı, yeşil ve turuncu biber
- Bir tutam karabiber
- 6 yumurta
- ½ bardak hindistan cevizi sütü
- zeytin yağı spreyi

TALİMATLAR:

a) Bir kapta yumurtaları bir tutam karabiber ve hindistan cevizi sütüyle karıştırıp iyice çırpın.

b) Karışık dolmalık biber, pastırma ve taze soğanı ekleyip tekrar çırpın.

c) Yuvarlak bir tabağa zeytinyağı spreyi sıkın, yumurta karışımını dökün ve yayın.

ç) Suyu hazır tencereye koyun, buhar sepetini ve pişirme kabını içine ekleyin, üzerini örtün ve Yüksek ayarda 30 dakika pişirin.

d) Omletinizi biraz soğumaya bırakın, dilimleyin, tabaklara paylaştırın ve servis yapın.

e) Eğlence!

İÇİNDEKİLER:

- 3 büyük yumurta
- 3 dilim pastırma, pişmiş ve ufalanmış
- 1 su bardağı taze ıspanak yaprağı
- 1/4 su bardağı rendelenmiş mozzarella peyniri
- Tatmak için biber ve tuz
- 1 yemek kaşığı tereyağı

TALİMATLAR:

a) Yumurtaları bir kasede çırpın, tuz ve karabiberle tatlandırın.

b) Tereyağını yapışmaz bir tavada orta ateşte eriyene kadar ısıtın.

c) Ispanak yapraklarını tavaya ekleyin ve suyunu çekene kadar pişirin.

ç) Çırpılmış yumurtaları tavaya dökün ve ıspanakları eşit şekilde kaplayacak şekilde eğin.

d) Ufalanmış pastırmayı ve rendelenmiş mozzarella peynirini omletin yarısının üzerine serpin.

e) Yumurtaların kenarlara yerleşmeye başlayana kadar pişmesine izin verin.

f) Omletin diğer yarısını pastırma ve peynir tarafının üzerine dikkatlice katlayın.

g) Bir dakika daha veya peynir eriyene kadar pişirin.

ğ) Omleti bir tabağa aktarın ve sıcakken servis yapın.

İÇİNDEKİLER:

- 4 pastırma şeridi, doğranmış
- 1/4 bardak doğranmış soğan
- 6 büyük yumurta
- 1 yemek kaşığı su
- 1/4 çay kaşığı tuz, isteğe bağlı
- 1/8 çay kaşığı biber
- Dash acı biber sosu
- 3 çay kaşığı tereyağı, bölünmüş
- 1/2 bardak küp şeklinde tamamen pişmiş jambon, bölünmüş
- 1/4 bardak ince dilimlenmiş taze mantar, bölünmüş
- 1/4 bardak doğranmış yeşil biber, bölünmüş
- 1 su bardağı rendelenmiş kaşar peyniri, bölünmüş

TALİMATLAR:

a) Pastırmayı bir tavada orta ateşte gevrekleşinceye kadar pişirin. Kağıt havlulara geçmek için oluklu bir kaşık kullanın. Süzün, damlamalardan 2 çay kaşığı tasarruf edin. Soğanı sıvıyağda yumuşayana kadar soteleyin ve bir kenara koyun.

b) Biber sosu, karabiber, isterseniz tuz, su ve yumurtaları bir kasede çırpın. 10 inçlik bir alanda. Yapışmaz tavayı, 1-1/2 çay kaşığı tereyağını orta ateşte ısıtın ve yumurta karışımının yarısını ekleyin. Yumurtalar pişerken, pişmemiş kısım altta kalacak şekilde kenarlarını kaldırın.

c) Yumurtalar piştikten sonra bir tarafına peynirin, yeşil biberin, mantarın, jambonun, soğanın ve pastırmanın yarısını gezdirin ve katlayın.

ç) Üzerine bir örtü kapatıp peynir eriyene kadar 1-2 dakika bekletin.

d) İkinci omleti aynı şekilde yapmak için geri kalan malzemeleri kullanın.

İÇİNDEKİLER:

- 3 yumurta
- 3 yemek kaşığı Yarım buçuk
- Tatmak için biber ve tuz
- 2 yemek kaşığı olgun avokado, doğranmış
- 1 ons İsviçre peyniri, rendelenmiş
- 1 dilim Çıtır pastırma

TALİMATLAR:

a) İlk 4 malzemeyi birleştirin ve iyi dövün.

b) İyice yağlanmış bir omlet tavasına dökün ve orta ateşte kabarıncaya kadar pişirin.

c) Avokado, peynir ve ufalanmış pastırmayı ekleyin.

ç) İster açık ister katlanmış olarak servis yapın.

İÇİNDEKİLER:

- 1 pastırma şeridi, 1/2-inç parçalar halinde kesilmiş
- 4 dondurulmuş Tater Tots, çözülmüş
- 2 yumurta
- 2 yemek kaşığı su
- 3 yemek kaşığı rendelenmiş kaşar peyniri

TALİMATLAR:

a) Pastırmayı 8 inçlik bir tavada pişirin. Yapışmaz tavayı orta ateşte çıtır çıtır olana kadar pişirin. Tater Tots'u ekleyin ve parçalamak için bir spatula kullanın.

b) Küçük bir kapta yumurtalarla suyu çırpın ve tavaya koyun.

c) Yumurtalar pişerken, çiğ kısmın altına akmasını sağlamak için kenarları kaldırın.

ç) Yumurtalar piştikten sonra bir tarafına peyniri koyun ve omleti dolgunun üzerine katlayın.

d) Bir örtü koyun ve peynir eriyene kadar yaklaşık 1-1/2 dakika bekletin.

e) Bir tabakta, tadını çıkarmak için omleti çevirin.

İÇİNDEKİLER:

- 1 paket peynir veya etli mantı
- 6 yumurta
- ¼ bardak süt
- 1 su bardağı rendelenmiş kaşar peyniri
- 1 su bardağı pişmiş pastırma veya jambon, doğranmış
- ½ soğan, doğranmış
- 1 dolmalık biber, doğranmış
- Tatmak için biber ve tuz
- Taze maydanoz (isteğe bağlı, garnitür için)

TALİMATLAR:

a)   Mantıyı paket talimatlarına göre pişirin. Drenaj yapın ve bir kenara koyun.

b)   Bir kapta yumurtaları ve sütü birlikte çırpın. Tuz ve karabiberle tatlandırın.

c)   Yağlanmış bir pişirme kabına, pişmiş mantının yarısını, ardından doğranmış pastırma veya jambonun yarısını, soğanı ve dolmalık biberi katlayın.

ç)   Yumurta karışımının yarısını katların üzerine dökün.

d)   Kalan mantı, domuz pastırması veya jambon, soğan ve dolmalık biberle katmanları tekrarlayın.

e)   Kalan yumurtalı karışımı da üzerine dökün.

f)   Üzerine rendelenmiş kaşar peynirini serpin.

g)   Önceden ısıtılmış fırında 175°C'de yaklaşık 25-30 dakika veya yumurtalar sertleşene ve peynir altın renginde ve kabarcıklı hale gelinceye kadar pişirin.

ğ)   Arzu ederseniz taze maydanozla süsleyin.

h)   Servis yapmadan önce kahvaltının biraz soğumasını bekleyin.

İÇİNDEKİLER:

- 1 önceden hazırlanmış pasta kabuğu
- 6 yumurta
- 1 bardak süt
- ½ bardak doğranmış pişmiş pastırma
- ¼ bardak doğranmış güneşte kurutulmuş domates
- ¼ su bardağı rendelenmiş parmesan peyniri
- Tatmak için biber ve tuz

TALİMATLAR

a) Fırını önceden 375°F'ye ısıtın.

b) Pasta kabuğunu 9 inçlik bir pasta tabağına yerleştirin ve altını bir çatalla delin.

c) Bir kapta yumurtaları süt, tuz ve karabiberle çırpın.

ç) Pastırma, güneşte kurutulmuş domates ve Parmesan peynirini karıştırın.

d) Yumurta karışımını pasta kabuğuna dökün.

e) Kiş sertleşene kadar 40-45 dakika pişirin.

İÇİNDEKİLER:

- 1 su bardağı pişmiş makarna
- 1 su bardağı rendelenmiş kaşar peyniri
- ¼ su bardağı rendelenmiş parmesan peyniri
- ¼ bardak doğranmış pişmiş pastırma (isteğe bağlı)
- 1 yemek kaşığı kıyılmış taze maydanoz
- 1 kutu buzdolabında soğutulmuş bisküvi hamuru
- kızartmalık yağ

TALİMATLAR

a) Bir karıştırma kabında pişmiş makarnayı, rendelenmiş kaşar peynirini, rendelenmiş Parmesan peynirini, doğranmış pişmiş pastırmayı (eğer kullanılıyorsa) ve doğranmış taze maydanozu birleştirin. İyice karıştırın.

b) Soğuyan bisküvi hamurunu tek tek bisküvilere ayırın.

c) Her bisküviyi elinizle veya oklavayla düzleştirin.

ç) Düzleştirilmiş her bisküvinin ortasına az miktarda makarna ve peynir karışımından dökün.

d) Bisküvi hamurunun kenarlarını dolgunun üzerine katlayın ve sıkıştırarak bir top oluşturun.

e) Yağı bir fritözde veya büyük bir tencerede 350°F'ye (175°C) ısıtın.

f) Bisküvi toplarını dikkatli bir şekilde kızgın yağa birer birer yerleştirin ve her tarafı altın rengi oluncaya kadar kızartın. Bu yaklaşık 2-3 dakika sürmelidir.

g) Delikli bir kaşık kullanarak çörek deliklerini yağdan çıkarın ve kağıt havluların üzerine boşaltın.

ğ) Kalan içi doldurulmuş bisküvi topları ile kızartma işlemini tekrarlayın.

h) Mac ve peynir dolgulu çörek deliklerini sıcak olarak servis edin. Olduğu gibi veya marinara sosuna, peynir sosuna veya istenilen herhangi bir daldırma sosuna batırılarak tüketilebilirler.

30.Pastırma ve Ayçiçeği Mikro yeşil Kahvaltı

İÇİNDEKİLER:

- 8 dilim füme pastırma, çıtır çıtır olana kadar pişirilir ve doğranır
- 4 su bardağı soyulmuş ve rendelenmiş patates
- 1 su bardağı rendelenmiş sarı soğan
- 1 su bardağı taze ekmek kırıntısı
- ¼ fincan jalapeno biberi, ince doğranmış
- bir avuç ayçiçeği mikro yeşillikleri
- 1 yemek kaşığı sarımsak, kıyılmış
- gerekirse tavaya zeytinyağı
- 1¼ çay kaşığı tuz
- taze çekilmiş karabiber
- 6 yumurta

TALİMATLAR:

a)   Fırını önceden 375 Fahrenheit dereceye ısıtın .

b)   Rendeleme aparatı takılı bir mutfak robotunda patates ve soğanı rendeleyin.

c)   Patates ve soğandaki sıvıyı çıkarın ve sıkın .

d)   Patatesleri ve soğanı pastırma yağı, galeta unu, jalapeno biberi ve sarımsakla birlikte tavaya atın.

e)   Isıyı orta-yüksek seviyeye yükseltin ve zeytinyağını ekleyin.

f)   Altın kahverengi olana kadar düzenli olarak karıştırarak 18 dakika pişirin .

g)   Pastırma parçalarını tavadaki diğer malzemelerle birleştirin .

h)   Yemeğe bir miktar tuz ve karabiber ekleyin.

i)   Altı adet ramekin veya bir fırın tepsisini bir tepsiye yerleştirin.

j)   Patates-domuz pastırması karışımını kalıplara eşit olarak bölün veya karışımın tamamını pişirme kabına dökün. Kaşığın arkasıyla patateslerin üzerine hafifçe bastırın.

k)   Kaşığın arkasıyla patateslerin üzerine küçük bir çentik açın, ardından kalıpların içine birer yumurta kırın veya bunları pişirme kabındaki patateslerin üzerine eşit şekilde serpin.

l)   15 dakika veya yumurtalar iyice pişene kadar pişirin.

m) Yemeğin üzerine bir kat mikro yeşillik yerleştirin.

EKMEK

İÇİNDEKİLER:
HAMUR İÇİN:

- 4 su bardağı ekmek unu
- 10 gr tuz
- 10g şeker
- 7g anlık kuru maya
- 250ml ılık su
- 50ml zeytinyağı

DOLGU İÇİN:

- 200 gr kurutulmuş jambon, doğranmış
- 200 gr tütsülenmiş sosis, doğranmış
- 150g pastırma, doğranmış
- 1 soğan, ince doğranmış
- 2 diş sarımsak, kıyılmış
- 1 yemek kaşığı zeytinyağı
- Tatmak için biber ve tuz
- Kıyılmış taze maydanoz (isteğe bağlı)
- 4 adet haşlanmış yumurta (isteğe bağlı)

TALİMATLAR:

a) Büyük bir karıştırma kabında ekmek ununu, tuzu, şekeri ve hazır kuru mayayı birleştirin.

b) Karıştırırken yavaş yavaş ılık su ve zeytinyağını kuru malzemelere ekleyin. Tüm malzemeler iyice birleşene ve bir hamur oluşana kadar karıştırmaya devam edin.

c) Hamuru unlu bir yüzeye aktarın ve pürüzsüz ve elastik hale gelinceye kadar yaklaşık 10 dakika yoğurun.

ç) Hamuru tekrar karıştırma kabına koyun, üzerini temiz bir mutfak havlusu veya plastik ambalajla örtün ve ılık bir yerde yaklaşık 1 ila 2 saat veya boyutu iki katına çıkana kadar kabarmasını bekleyin.

d) Hamur kabarırken iç malzemesini hazırlayın. Bir tavada zeytinyağını orta ateşte ısıtın. Küp küp doğranmış jambonu, tütsülenmiş sosisi, pastırmayı, soğanı ve sarımsağı ekleyin. Malzemeler pişene ve hafifçe kızarana kadar soteleyin. Tatmak için tuz ve karabiber ekleyin. Isıdan çıkarın ve bir kenara koyun.

e) Hamur yükseldiğinde, havayı serbest bırakmak için aşağı doğru bastırın ve unlanmış bir yüzeye aktarın.

f) Hamuru yaklaşık 1 cm kalınlığında büyük bir daire şeklinde açın.

g) Hazırladığınız iç harcını hamurun ortasına kenarlarında bordür kalacak şekilde yerleştirin.

ğ) İsteğe bağlı: Eğer haşlanmış yumurta kullanıyorsanız bunları dolgunun üzerine koyun.

h) Büyük yuvarlak bir somun oluşturmak için hamurun kenarlarını dolgunun üzerine katlayın, sıkıştırın ve kapatın.

ı) Folar de Chaves'i parşömen kağıdıyla kaplı bir fırın tepsisine yerleştirin.

i) Ekmeği temiz bir mutfak havlusuyla örtün ve 30 dakika daha kabarmaya bırakın.

j) Fırınınızı önceden 180°C'ye (350°F) ısıtın.

k) Ekmek kabardıktan sonra, önceden ısıtılmış fırında yaklaşık 40 ila 50 dakika veya dışı altın rengi kahverengi olana ve altına dokunulduğunda içi boş ses çıkana kadar pişirin.

l) Folar de Chaves'i fırından çıkarın ve dilimleyip servis etmeden önce tel ızgara üzerinde soğumasını bekleyin.

İÇİNDEKİLER:

- 5 su bardağı ekmeklik un
- 3 çay kaşığı kuru maya
- 1 çay kaşığı tuz
- 125 ml tereyağı, küp şeklinde
- 440 mi su
- 1 yumurta, hafifçe çırpılmış
- 1 yumurta sarısı 2 çay kaşığı su ile çırpılıp üzeri kaplanır.

DOLGU

- 200 g pastırma pastırması, kabuğu soyulmuş ve iri kıyılmış
- 350 gr chorizo, 1 cm kalınlığında dilimler halinde kesilmiş
- 3 adet haşlanmış yumurta, dörde bölünmüş

TALİMATLAR:

a) Un, maya ve tuzu geniş bir kapta birleştirin. Tereyağını küçük bir tencerede orta ateşte eritin. Suyu ekleyin ve ılık olana kadar ısıtın. Çırpılmış yumurta ile kuru malzemeleri ekleyin ve tahta kaşıkla, ardından elinizle yumuşak bir hamur elde edinceye kadar karıştırın.

b) Hafifçe unlanmış bir yüzeye çıkarın ve 10 dakika veya pürüzsüz ve elastik hale gelinceye kadar yoğurun.

c) Temiz, geniş bir kaseyi hafifçe yağlayın, hamuru ekleyin ve hamuru yağla kaplayacak şekilde çevirin. Plastik ambalajla örtün ve sıcak, hava akımı olmayan bir yerde 1 saat veya boyutu iki katına çıkana kadar bekletin.

ç) Bu arada yağı bir tavada ısıtın ve pastırmayı orta-yüksek ateşte kızarana kadar pişirin. Bir kaseye aktarmak için oluklu bir kaşık kullanın. Chorizo'yu ekleyin ve altın rengi olana kadar orta yüksek ateşte pişirin. Chorizoyu pastırmayla birlikte kaseye aktarın.

d) Hazır olduğunuzda hamurun ortasını yumruğunuzla aşağı doğru bastırın ve iyice unlanmış bir yüzeye çevirin. 2-3 dakika veya pürüzsüz hale gelinceye kadar yoğurun. Ellerinizi kullanarak hamuru, uzun kenarı size yakın olacak şekilde yaklaşık 20 x 50 cm'lik bir dikdörtgen şeklinde patlatın. Hamurun dış kenarını biraz suyla fırçalamak için bir hamur fırçası kullanın. Jambon ve sosis karışımının yaklaşık yarısını ve dörde bölünmüş yumurtaları hamurun ortadaki üçte birlik kısmına yayın.

e) Hamurun sağ üçte birlik kısmını dolgunun üzerine kaplayacak şekilde katlayın. Kalan jambonu, chorizo'yu ve yumurtayı üstüne ekleyin. Hamurun kalan üçte birini dolguyu kaplayacak şekilde üst üste katlayın ve kenarları birbirine bastırarak kapatın.

f)   Büyük bir fırın tepsisine pişirme kağıdı serin ve ekmeği tepsiye aktarın. Hafif nemli bir çay havluyla örtün ve sıcak, hava akımı olmayan bir yerde 30 dakika veya boyutu iki katına çıkana kadar bekletin.

g)   Fırını 200°C'ye önceden ısıtın.

ğ)   Hazır olduğunuzda çok keskin bir bıçak kullanarak somunun üstünü 4-5 kez çapraz olarak kesin. Parlatmak için yumurta yıkama karışımını fırçalayın ve 35 dakika veya tamamen pişene ve tabana vurulduğunda içi boş ses çıkana kadar pişirin. Soğutmak için bir tel rafa aktarın. Sıcak olarak veya oda sıcaklığında kalın dilimler halinde keserek servis yapın.

33.Patates kroketi

İÇİNDEKİLER:

- 4 yumurta
- 2 yemek kaşığı süt
- 2 yemek kaşığı tuz
- 3 su bardağı haşlanmış ve patates püresi
- 4 dilim pastırma
- 1 yemek kaşığı tereyağı, eritilmiş
- 1/2 su bardağı rendelenmiş peynir (çedar veya Gouda gibi)
- 1/4 bardak kıyılmış pastırma
- 2 yemek kaşığı kıyılmış maydanoz
- 1 fincan çok amaçlı un

TALİMATLAR:

a) Bir karıştırma kabında 2 yumurtayı, sütü ve tuzu çırpın.

b) Haşlanmış ve püre haline getirilmiş patatesleri yumurta karışımına ekleyin ve iyice birleşene kadar iyice karıştırın.

c) Pastırmayı çıtır çıtır olana kadar tavada pişirin. Ateşten alın, kağıt havluların üzerine boşaltın ve küçük parçalara bölün.

ç) Ufalanmış pastırmayı, eritilmiş tereyağı, rendelenmiş peynir, kıyılmış pastırma ve doğranmış maydanozla birlikte patates karışımına ekleyin. Eşit şekilde dağılana kadar her şeyi birlikte karıştırın.

d) Karışımı avucunuzun büyüklüğünde küçük silindirik kroketler halinde şekillendirin.

e) Sığ bir tabağa unu koyun. Başka bir tabakta kalan 2 yumurtayı çırpın.

f) Her kroketi çırpılmış yumurtaya batırın, ardından una bulayın ve her tarafının kaplanmasını sağlayın.

g) Orta ateşte büyük bir tavada bol miktarda tereyağını ısıtın. Tereyağı eriyip cızırdamaya başlayınca kaplanmış kroketleri gruplar halinde ekleyin.

ğ) Kroketlerin her tarafı altın rengi oluncaya kadar, bir spatulayla yavaşça çevirerek pişirin.

h) Kroketler piştikten sonra fazla yağının süzülmesi için kağıt havlu serili bir tabağa aktarın.

ı) Patates kroketlerini lezzetli bir meze veya garnitür olarak sıcak olarak servis edin. Tek başına ya da dilediğiniz dip sosla tüketebilirsiniz.

34.Tarte alev

İÇİNDEKİLER:

- 1 pound (450g) pizza hamuru veya mağazadan satın alınan pizza hamuru
- 1 bardak (240ml) Crème fraîche veya ekşi krema
- 2 orta boy soğan, ince dilimlenmiş
- 6 ons (170g) pastırma, ince dilimlenmiş
- Tatmak için biber ve tuz
- İsteğe bağlı malzemeler: rendelenmiş Gruyère veya Emmental peyniri, taze otlar (frenk soğanı veya maydanoz gibi)

TALİMATLAR:

a) Fırınınızı en yüksek sıcaklık ayarına (genellikle yaklaşık 500°F/260°C) önceden ısıtın.

b) Pizza hamurunu unlu bir yüzeyde çok ince oluncaya kadar açın. Dikdörtgen veya istediğiniz herhangi bir şekle sokabilirsiniz.

c) Açılan hamuru, parşömen kağıdıyla kaplı bir fırın tepsisine veya pizza taşı üzerine aktarın.

ç) Crème fraîche veya ekşi kremayı hamurun üzerine eşit şekilde yayın ve kenarlarda küçük bir kenarlık bırakın.

d) İnce dilimlenmiş soğanları ve pastırmayı krema tabakasının üzerine yerleştirin. Dilerseniz üzerine biraz rendelenmiş peynir de serpebilirsiniz.

e) Tatmak için tuz ve karabiber ekleyin.

f) Fırın tepsisini veya pizza taşını önceden ısıtılmış fırına yerleştirin ve yaklaşık 10-15 dakika veya kabuk altın rengi kahverengi ve gevrek oluncaya ve üst malzemeler pişip hafifçe karamelize olana kadar pişirin.

g) Fırından çıkarın ve birkaç dakika soğumasını bekleyin. İsteğe bağlı olarak servis yapmadan önce taze otlarla süsleyin.

ğ) Dikdörtgen dilimler halinde kesin ve ev yapımı tarte flambée'nizin tadını çıkarın !

İÇİNDEKİLER:

- 2 yemek kaşığı doğranmış güneşte kurutulmuş domates
- ½ bardak çok amaçlı un
- ¼ su bardağı tam buğday unu
- 1 çay kaşığı düşük sodyumlu kabartma tozu
- ¼ çay kaşığı kırmızı biber gevreği
- ⅛ çay kaşığı tartar kreması
- 2½ yemek kaşığı tuzsuz tereyağı
- 2 dilim hindi pastırması, pişmiş ve ufalanmış
- ¼ fincan yağsız süt
- 2 yemek kaşığı rendelenmiş parmesan peyniri

TALİMATLAR

a) Küçük bir kapta, güneşte kurutulmuş domatesleri sıcak suyla doldurun ve domateslerin yeniden oluşması için 5 dakika bekletin. Islatma sıvısını boşaltarak boşaltın.

b) Bir mutfak robotunda unları, kabartma tozunu, kırmızı pul biberi ve tartar kremasını birleştirin. Tereyağını ekleyin ve karışım iri bir öğüne benzeyene kadar nabız atın. Karışımı orta boy bir karıştırma kabına aktarın.

c) Pastırma ve domatesleri karıştırın. Sütü ekleyin ve hamur bir araya gelinceye kadar karıştırın.

ç) Hamuru hafifçe unlanmış bir çalışma yüzeyine açın ve pürüzsüz hale gelinceye kadar birkaç kez yoğurun. Hamuru 4 x 4 inçlik bir kareye yerleştirin.

d) Kareyi 4 eşit şerit halinde kesin ve ardından her şeridi çapraz olarak ikiye bölün. Her şeridi bükün ve büyük bir fırın tepsisine koyun.

e) Ekmek dilimlerine pişirme spreyi sıkın, üzerine peynir serpin ve fırında açık altın rengi kahverengi olana kadar yaklaşık 10 dakika pişirin. Derhal servis yapın.

SANDVİÇLER VE SARMALAR

İÇİNDEKİLER:

- 3 yumurta, dövülmüş
- ¼ bardak süt
- 2 Yemek kaşığı tereyağı
- 8 kalın dilim ekmek
- 12 dilim kaşar peyniri
- ½ Yemek kaşığı kıyılmış ceviz
- 4 dilim pastırma, gevrek pişirilmiş ve ufalanmış

TALİMATLAR:

a) Büyük bir kapta yumurtaları ve sütü birlikte çırpın; bir kenara koyun. Tereyağını kısık ateşte eriterek bir ızgara veya büyük bir tava hazırlayın.

b) 4 ekmek diliminin sadece bir tarafını yumurta karışımına batırın. 4 ekmek dilimini, kaplanmış tarafı aşağı bakacak şekilde bir ızgaraya veya tavaya yerleştirin.

c) Her ekmek diliminin üzerine 3 peynir dilimi koyun. Peyniri eşit miktarda ceviz ve domuz pastırması ile serpin.

ç) Kalan 4 ekmek diliminin sadece bir tarafını yumurta karışımına batırın ve ceviz ve pastırmanın üzerine, kaplamalı tarafı yukarı gelecek şekilde yerleştirin.

d) Her iki tarafını da 5 dakika veya ekmek altın rengi oluncaya ve peynir eriyene kadar pişirin.

İÇİNDEKİLER:

- 2 su bardağı Bisquick karışımı
- 1 bardak süt
- 6 yumurta, çırpılmış
- 1 su bardağı pişmiş pastırma veya sosis, ufalanmış
- 1 su bardağı rendelenmiş kaşar peyniri
- ¼ bardak doğranmış soğan
- Tatmak için biber ve tuz
- Un ekmeği

TALİMATLAR:

a) Burrito tortillalarını yapmak için bir karıştırma kabında Bisquick karışımını ve sütü birleştirin. Bisquick kutusundaki talimatları izleyin .

b) Çırpılmış yumurtaları bir tavada pişirin ve tuz ve karabiberle tatlandırın.

c) Her tortillaya bir kaşık dolusu çırpılmış yumurta, ufalanmış domuz pastırması veya sosis, rendelenmiş peynir ve doğranmış soğan koyarak burritoları birleştirin.

ç) Tortillaları yuvarlayın, ilerledikçe yanlara doğru kıvırın.

d) Burritoları hemen servis edin veya paket kahvaltı için folyoya sarın.

İÇİNDEKİLER:

- 1/4 su bardağı ince doğranmış soğan
- 1 yemek kaşığı tereyağı
- 4 yumurta
- 1/4 su bardağı doğranmış domates
- 1/8 çay kaşığı tuz
- 1/8 çay kaşığı acı biber sosu
- 4 dilim Jones Kanada Pastırması
- 4 sade simit, bölünmüş
- 4 dilim işlenmiş Amerikan peyniri

TALİMATLAR:

a) Soğanı geniş bir tavada tereyağı ile yumuşayana kadar soteleyin. Biber sosu, tuz, domates ve yumurtaları karıştırın. Yumurta karışımını tavaya aktarın. (Karışım hemen kenarlara oturmalıdır.)

b) Yumurtalar pişerken, pişen kenarlarını ortaya doğru iterek pişmemiş kısmın alta akmasını sağlayın. Yumurtalar pişene kadar pişirin. Bu arada mikrodalgada pastırma ve istenirse tost simitleri.

c) Peyniri simit altlarının üzerine katlayın. Omleti dörde bölün.

ç) Simit üzerinde pastırma ile servis yapın.

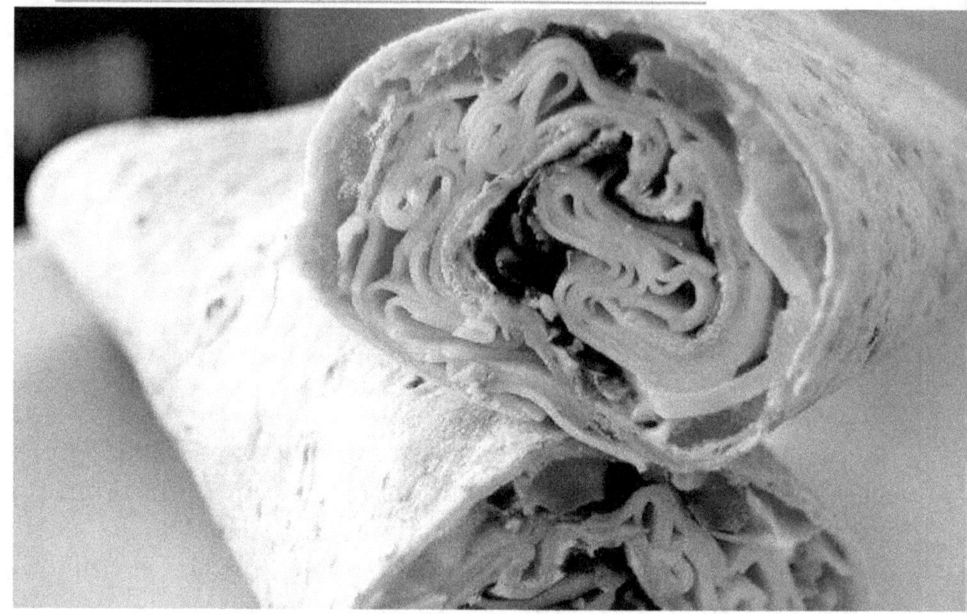

İÇİNDEKİLER:

- 1 büyük un tortilla
- 2 yumurta
- 2 dilim pastırma, pişmiş ve doğranmış
- 2 yemek kaşığı doğranmış kurutulmuş domates
- ¼ su bardağı rendelenmiş kaşar peyniri
- Tatmak için biber ve tuz

TALİMATLAR

a) Yumurtaları bir kapta tuz ve karabiberle çırpın.

b) Yapışmaz bir tavayı orta ateşte ısıtın.

c) Yumurtaları tavaya dökün ve kıvam alana kadar pişirin.

ç) Pastırma ve güneşte kurutulmuş domatesleri tavaya ekleyin ve karıştırın.

d) Tortillayı bir tabağa koyun ve üzerine peynir serpin.

e) Yumurta karışımını peynirin üzerine kaşıkla dökün.

f) Tortillanın alt kısmını dolgunun üzerine doğru katlayın, ardından yanları katlayın ve sargıyı sarın.

İÇİNDEKİLER:

- 4 dilim pastırma
- 2 yumurta
- 2 İngiliz çöreği, bölünmüş ve kızartılmış
- ¼ bardak Jack Daniel's viski
- 2 yemek kaşığı esmer şeker
- Tatmak için biber ve tuz

TALİMATLAR

a) Orta-yüksek ateşte bir tavada pastırmayı çıtır çıtır olana kadar pişirin.

b) Başka bir tavada orta-yüksek ateşte yumurtaları dilediğiniz gibi pişirin.

c) Bir karıştırma kabında Jack Daniel's viskisini ve esmer şekeri çırpın.

ç) Her bir pastırma dilimini viski karışımına batırın ve her iki tarafını da kaplayın.

d) Her kızarmış İngiliz çöreği yarısına bir dilim viski sırlı domuz pastırması ve pişmiş bir yumurta koyarak sandviçleri birleştirin.

e) Tatmak için tuz ve karabiber ekleyin.

f) Sıcak servis yapın.

İÇİNDEKİLER:

- 2 dilim ekmek
- 2 yemek kaşığı fıstık ezmesi
- 2 yemek kaşığı jöle veya reçel
- 2 dilim pastırma, pişmiş

TALİMATLAR

a) Bir dilim ekmeğin üzerine fıstık ezmesini sürün.

b) Diğer dilim ekmeğin üzerine jöle veya reçel sürün.

c) Ekmek dilimlerinden birinin üzerindeki fıstık ezmesinin üzerine iki şerit pastırmayı yerleştirin.

ç) İki dilim ekmeği, fıstık ezmesi ve jöle tarafları birbirine bakacak şekilde birlikte yerleştirin.

d) Ortadan ikiye kesip servis yapın.

İÇİNDEKİLER:

- 2 olgun mango, soyulmuş ve doğranmış
- 6 dilim pastırma
- 6 unlu tortilla
- 6 yumurta
- ½ su bardağı rendelenmiş kaşar peyniri
- Tatmak için biber ve tuz
- Servis için salsa

TALİMATLAR

a) Izgarayı orta ateşte önceden ısıtın.

b) Pastırma dilimlerini her iki tarafı da çıtır çıtır olana kadar 2-3 dakika ızgaralayın, ardından küçük parçalar halinde doğrayın.

c) Doğranmış mangoyu her iki tarafı da hafifçe karamelize olana kadar 2-3 dakika ızgaralayın.

ç) Bir tavada yumurtaları çırpın, tuz ve karabiberle tatlandırın.

d) Burritoları birleştirmek için çırpılmış yumurtayı, ızgara mangoyu ve doğranmış pastırmayı bir tortilla üzerine kaşıklayın.

e) Üzerine rendelenmiş çedar peyniri serpin ve tortillayı börek şeklinde katlayın.

f) Burritoları her iki tarafı da altın rengi kahverengi olana ve tamamen ısıtılıncaya kadar 2-3 dakika ızgaralayın.

g) Yanında salsa ile servis yapın.

İÇİNDEKİLER:

- 2 şeftali, ikiye bölünmüş ve çekirdeği çıkarılmış
- 4 dilim pastırma
- 2 İngiliz çöreği, bölünmüş ve kızartılmış
- 2 yumurta
- ½ bardak roka
- Tatmak için biber ve tuz

TALİMATLAR

a) Izgarayı orta ateşte önceden ısıtın.

b) Şeftali yarımlarını, ızgara izleri görünene kadar her iki tarafta 2-3 dakika ızgaralayın.

c) Pastırma dilimlerini her iki tarafı da çıtır çıtır olana kadar 2-3 dakika ızgarada pişirin.

ç) Bir tavada yumurtaları istediğiniz pişme derecesine kadar kızartın ve tuz ve karabiberle tatlandırın.

d) Sandviçi birleştirmek için, kızarmış bir İngiliz çöreğinin üzerine ızgara şeftali yarısını ve iki pastırma dilimini yerleştirin.

e) Üzerine kızarmış yumurta ve bir avuç roka ekleyin .

f) Derhal servis yapın.

SOSİS

İÇİNDEKİLER:

- 4 pound kaba öğütülmüş geyik eti
- 1 pound ince öğütülmüş pastırma
- 1 yemek kaşığı tuz
- 1 yemek kaşığı adaçayı
- 1 çay kaşığı yenibahar
- 2 yemek kaşığı şeker
- 1 çay kaşığı kişniş
- 1½ çay kaşığı hardal tohumu
- 6 diş preslenmiş sarımsak
- 2 yemek kaşığı karabiber
- 1 bardak soğuk su

TALİMATLAR:

a) Tüm malzemeleri birleştirin, iyice karıştırın ve domuz kasasına doldurun.

b) Pişirmek, kaynatmak, fırında pişirmek veya kızartmak için.

İÇİNDEKİLER:

- 4 pound ince öğütülmüş pişmiş domuz karaciğeri (haşlanmış)
- 1 pound ince öğütülmüş pastırma
- 2 su bardağı kıyılmış soğan
- 1½ su bardağı süt
- 1½ su bardağı buharlaştırılmış süt
- ½ su bardağı patates unu
- 6 adet çırpılmış yumurta
- 3 çay kaşığı karabiber
- 2 yemek kaşığı tuz
- 1 çay kaşığı öğütülmüş karanfil
- 1 çay kaşığı yenibahar

TALİMATLAR:

a) Süt ve patates unundan bir sos yapın ve koyulaşana kadar pişirin.
b) Tüm malzemeleri birleştirin.
c) Tuzlu suda yaklaşık 20 dakika kadar haşlayın.
ç) Kullanmadan önce 24 saat buzdolabında saklayın.
d) Sosisleri bölün ve sürülmüş gibi kullanın.

İÇİNDEKİLER:

- 4 kilo orta öğütülmüş domuz butu
- 1 pound ince öğütülmüş pastırma
- 1 su bardağı kıyılmış maydanoz
- ¼ bardak doğranmış yeşil soğan ve yeşillik
- 1½ yemek kaşığı tuz
- 1 çay kaşığı kekik
- 1 çay kaşığı fesleğen
- 6 diş preslenmiş sarımsak
- 1 bardak kuru beyaz şarap

TALİMATLAR:

a)   Tüm malzemeleri ve malzemeleri kasanın içinde birleştirin. Serin bir yerde 3-4 gün bekletin.

b)   Bu sosisi tuz, karabiber, kekik, fesleğen, defne yaprağı, maydanoz ve doğranmış yeşil soğanla birlikte dana bulyonda en az üç saat pişirin.

İÇİNDEKİLER:

- 4 kilo orta boy pişmiş beyaz tavuk
- 1 pound orta pişmiş pişmiş pastırma
- 1 pound orta pişmiş tavuk ciğeri
- 10 orta boy yumurta
- 1 yemek kaşığı tuz
- 1 çay kaşığı hindistan cevizi
- 1 çay kaşığı öğütülmüş karanfil
- 2 çay kaşığı beyaz biber
- 1 su bardağı tavuk bulyon
- 1 su bardağı ekmek kırıntısı

TALİMATLAR:

a) Tüm malzemeleri birleştirin, iyice karıştırın ve koyun kılıfına doldurun.

b) Pişirmek, kızartmak, fırında pişirmek veya tereyağında kızartmak için.

İÇİNDEKİLER:

- 4 kilo yağsız sığır eti
- 2 kilo yağsız pastırma
- 2½ yemek kaşığı tuz
- 3 çay kaşığı taze çekilmiş karabiber
- 4 diş preslenmiş sarımsak
- 2 yemek kaşığı yenibahar, doğranmış
- 1 bardak su

TALİMATLAR:

a) Sığır etini pastırmayla birlikte ince bir kıyma makinesinde öğütün.

b) Diğer malzemelerle iyice karıştırın ve koyun kılıfına doldurun.

c) Her 4-6 inçte bir bağlayabilirsiniz.

ç) Sıcak bir fırında kurutun veya çok hafif dumanlayın.

d) Servis etmek için kaynar suda veya et suyunda yaklaşık 10-12 dakika haşlayın.

İÇİNDEKİLER:

- 3 kilo orta öğütülmüş domuz butu
- 1 pound orta kıyma sığır aynası
- 1 pound ince öğütülmüş pastırma
- 2 yemek kaşığı tuz
- 1 yemek kaşığı karabiber
- 8 diş preslenmiş sarımsak
- 1 büyük soğan, kıyılmış
- 1 bardak su

TALİMATLAR:

a) Tüm malzemeleri birleştirin, iyice karıştırın ve domuz kabuğuna doldurun.

b) Her 6 veya 10 inçte bir bağlayın. İstenirse içilebilir.

c) Pişirmek için sıcak suda veya kırmızı şarapta pişirin.

İÇİNDEKİLER:

- 4 kilo ince kıyma mandreni
- 1 pound ince öğütülmüş pastırma
- 1 yemek kaşığı karabiber
- 1 çay kaşığı öğütülmüş kişniş
- 1 yemek kaşığı tuz
- 1 bardak Ren şarabı

TALİMATLAR:

a) Tüm malzemeleri birleştirin, iyice karıştırın ve domuz kabuğuna doldurun.

b) 6 inç uzunluklarda bağlayın.

c) 24 saat boyunca soğuk duman. Pişirmek, kızartmak veya fırında pişirmek için.

LOKMALAR VE MEZELER

İÇİNDEKİLER:

- 4 Sosisli sandviç
- 4 dilim pastırma
- 1 dilim Amerikan peyniri
- 4 Sosisli çörek
- Hardal

TALİMATLAR:

a) Pastırmayı mikrodalga rafına yerleştirin. Kağıt havluyla örtün. Mikrodalgayı Yüksek ayarda 3½ dakika veya neredeyse bitene kadar ısıtın.

b) Uçtan ½ inç başlayarak, her sosisli sandviçi uzunlamasına kesin. Peyniri 4 şerit halinde kesin ve sosisli sandviç çöreklerine yerleştirin.

c) Pastırmayı sosisli sandviçin etrafına sarın ve kürdanla sabitleyin. Pastırma rafındaki yağı boşaltın. Sosisli sandviçleri rafa yerleştirin.

ç) Kağıt havluyla örtün.

İÇİNDEKİLER:

- 6 dilim pastırma
- 4 ons keçi peyniri
- 4 ons krem peynir
- 2 yemek kaşığı doğranmış kekik veya fesleğen bölünmüş
- ¼ çay kaşığı karabiber
- ¼ bardak ceviz

TALİMATLAR:

a)   Pastırmayı orta ateşte bir tavada kızartın.

b)   Drenaj için kağıt havluyla kaplı bir tabağa çıkarın.

c)   Fazla yağı gidermek için dilimleri hafifçe vurun.

ç)   Pastırma pişerken keçi peynirini, krem peynirini, 1 yemek kaşığı otları ve karabiberi mutfak robotunda çekin.

d)   Kremsi bir kıvam alana kadar çırpın .

e)   Topları parşömen kaplı bir fırın tepsisine yerleştirin.

f)   Biraz daha sertleşmesi için 20 dakika kadar dondurucuya koyun.

g)   Mutfak robotunu temizleyin. Soğutulmuş pastırmayı, kalan yemek kaşığı otları ve cevizleri ufalayın.

ğ)   Çok ince ve ufalanana kadar çırpın; mutfak robotunuzun yapacağı kadar ince olmalı.

h)   Peynir toplarını dondurucudan çıkarın ve pastırma karışımında yuvarlayın, hemen yapışmazsa parmaklarınızla bastırın.

ı)   Topları yanları bir kaba yerleştirin ve servis yapana kadar buzdolabında saklayın.

i)   Kürdan veya krakerle servis yapın.

İÇİNDEKİLER:

- 4 tavuk göğsü
- ½ bardak barbekü sosu
- ¼ su bardağı kaşar peyniri
- 3 yemek kaşığı pastırma parçaları

TALİMATLAR:

a) Tavuk göğüslerini mikrodalga kabına yerleştirin.
b) Üstüne sos ekleyin.
c) Mikrodalgada 5 dakika pişirin.
ç) Kaşar peyniri ve pastırma parçalarını serpin.
d) Mikrodalgada 3 dakika daha pişirin.

İÇİNDEKİLER:

- 8 adet mozzarella topları, kiraz büyüklüğünde
- 4 ons pastırma, dilimlenmiş
- ¼ çay kaşığı öğütülmüş karabiber
- ¾ çay kaşığı kurutulmuş biberiye
- 1 çay kaşığı tereyağı (⅛ sağlıklı yağ)

TALİMATLAR:

a) Dilimlenmiş pastırmayı öğütülmüş karabiber ve kurutulmuş biberiyeyle serpin.

b) Her Mozzarella topunu dilimlenmiş pastırmaya sarın ve kürdanla sabitleyin.

c) Tereyağını eritin.

ç) Mozzarella toplarını tereyağıyla yağlayın.

d) Fırın tepsisini parşömenle kaplayın ve içine Mozzarella toplarını yerleştirin.

e) Yemeği 365F'de 10 dakika pişirin.

İÇİNDEKİLER:

- 2 büyük avokado, soyulmuş ve çekirdeği çıkarılmış
- 8 dilim şekersiz pastırma
- ½ çay kaşığı sarımsak tuzu

TALİMATLAR:

a)   Fırını 425°F'ye önceden ısıtın. Kurabiye tepsisine parşömen kağıdı ser.

b)   Her avokadoyu 8 eşit dilime bölerek toplamda 16 dilim elde edin.

c)   Her bir pastırma parçasını ikiye bölün. Her bir avokado parçasının etrafına yarım dilim pastırma sarın. Sarımsak tuzu serpin.

ç)   Avokadoyu kurabiye kağıdına yerleştirin ve 15 dakika pişirin. Fırını kızartmaya çevirin ve pastırma gevrek hale gelinceye kadar 2-3 dakika daha pişirmeye devam edin.

İÇİNDEKİLER:

- ⅓ bardak badem yemeği
- 1 yemek kaşığı tuzsuz tereyağı, eritilmiş
- 1 (8 ons) paket krem peynir, yumuşatılmış
- 1 yemek kaşığı pastırma yağı
- 1 büyük yumurta
- 4 dilim şekersiz pastırma, pişirilmiş, soğutulmuş ve ufalanmış
- 1 büyük yeşil soğan, yalnızca üst kısımları, ince dilimlenmiş
- 1 diş sarımsak, kıyılmış
- ⅛ çay kaşığı karabiber

TALİMATLAR:

a) Fırını 325°F'ye önceden ısıtın.

b) Küçük bir karıştırma kabında badem unu ve tereyağını birleştirin.

c) 6 bardak standart boy muffin kalıbını kek kalıplarıyla kaplayın. Badem unu karışımını bardaklara eşit şekilde paylaştırın ve bir çay kaşığının arkasıyla hafifçe bastırın. Fırında 10 dakika kadar pişirin, sonra çıkarın.

ç) Kabuk pişerken, krem peyniri ve pastırma yağını orta boy bir karıştırma kabında el mikseri ile iyice birleştirin. Yumurtayı ekleyin ve birleşene kadar karıştırın.

d) Pastırma, soğan, sarımsak ve biberi krem peynir karışımına bir spatula ile katlayın.

e) Karışımı kaplara paylaştırın, fırına geri dönün ve peynir sertleşinceye kadar 30-35 dakika daha pişirin. Kenarlar hafifçe kızarabilir. Piştiğini test etmek için ortasına bir kürdan batırın. Temiz çıkarsa cheesecake pişmiş demektir.

f) 5 dakika soğumaya bırakın ve servis yapın.

İÇİNDEKİLER:

- ¾ pound kemiksiz, derisiz tavuk göğsü, 1 "küpler halinde kesilmiş
- ½ çay kaşığı tuz
- ½ çay kaşığı karabiber
- 5 dilim şekersiz pastırma

TALİMATLAR:

a)   Fırını 375°F'ye önceden ısıtın.

b)   Tavukları tuz ve karabiberle karıştırın.

c)   Her bir pastırma dilimini 3 parçaya bölün ve her bir tavuk parçasını bir parça pastırmaya sarın. Bir kürdan ile sabitleyin.

ç)   Sarılı tavuğu bir piliç rafına koyun ve pişirme işleminin yarısında ters çevirerek 30 dakika pişirin. Fırını kızartma moduna getirin ve 3-4 dakika veya domuz pastırması çıtır çıtır olana kadar kızartın.

İÇİNDEKİLER:

- 8 dilim Domuz pastırması
- ½ bardak Otlu terbiyeli doldurma
- 1 can (5 oz) istiridye; doğranmış
- ¼ bardak su

TALİMATLAR:

a) Fırını 350ø'ye önceden ısıtın. Pastırma dilimlerini ikiye bölün ve hafifçe pişirin. FAZLA PİŞİRMEYİN.

b) Pastırma, topların etrafında kolayca yuvarlanabilecek kadar yumuşak olmalıdır. Doldurma, istiridye ve suyu birleştirin.

c) Yaklaşık 16 adet büyüklüğünde toplar halinde yuvarlayın.

ç) Topları pastırmaya sarın. 350°'de 25 dakika pişirin. Sıcak servis yapın.

59.Pastırma jalapeno toplar

İÇİNDEKİLER:

- 5 dilim şekersiz pastırma, pişmiş, yağı ayrılmış
- ¼ bardak artı 2 yemek kaşığı (3 ons) krem peynir
- 2 yemek kaşığı ayrılmış pastırma yağı
- 1 çay kaşığı çekirdeği çıkarılmış ve ince doğranmış jalapeño biberi
- 1 yemek kaşığı ince kıyılmış kişniş

TALİMATLAR:

a)   Bir kesme tahtası üzerinde pastırmayı küçük kırıntılara bölün.

b)   Küçük bir kapta krem peyniri, pastırma yağını, jalapeno ve kişnişi birleştirin; çatalla iyice karıştırın.

c)   Karışımı 6 top haline getirin.

ç)   Pastırma parçalarını orta boy bir tabağa yerleştirin ve eşit şekilde kaplanacak şekilde topları tek tek yuvarlayın.

d)   Hemen servis yapın veya 3 güne kadar buzdolabında saklayın.

İÇİNDEKİLER:

- 5 dilim şekersiz pastırma, pişmiş
- 4 ons (½ bardak) krem peynir
- ½ çay kaşığı akçaağaç aroması
- ¼ çay kaşığı tuz
- 3 yemek kaşığı dövülmüş ceviz

TALİMATLAR:

a) Bir kesme tahtası üzerinde pastırmayı küçük kırıntılara bölün.

b) Küçük bir kapta krem peyniri ve domuz pastırması parçalarını akçaağaç aroması ve tuzla birleştirin; çatalla iyice karıştırın.

c) Karışımı 6 top haline getirin.

ç) Ezilmiş cevizleri orta boy bir tabağa yerleştirin ve eşit şekilde kaplanacak şekilde topları tek tek yuvarlayın.

d) Hemen servis yapın veya 3 güne kadar buzdolabında saklayın.

İÇİNDEKİLER:

- 8 dilim şekersiz pastırma
- Oda sıcaklığında 8 ons Braunschweiger
- ¼ su bardağı kıyılmış fıstık
- 6 ons (¾ bardak) krem peynir, oda sıcaklığına kadar yumuşatılmış
- 1 çay kaşığı Dijon hardalı

TALİMATLAR:

a) Pastırmayı orta boy bir tavada orta ateşte, her tarafı 5 dakika gevrekleşinceye kadar pişirin. Kağıt havluların üzerine boşaltın ve soğumaya bırakın. Soğuduktan sonra pastırma büyüklüğünde parçalara bölün.

b) Braunschweiger'ı antep fıstıklarıyla birlikte küçük bir mutfak robotuna yerleştirin ve birleşene kadar çalıştırın.

c) Küçük bir karıştırma kabında, krem peyniri ve Dijon hardalını birleşip kabarıncaya kadar çırpmak için bir el blenderi kullanın.

ç) Et karışımını 12 eşit porsiyona bölün. Topları yuvarlayın ve ince bir tabaka krem peynir karışımıyla kaplayın.

d) En az 1 saat soğutun. Servis etmeye hazır olduğunuzda pastırma parçalarını orta boy bir tabağa koyun, topları eşit şekilde kaplayacak şekilde yuvarlayın ve keyfini çıkarın.

İÇİNDEKİLER:

- ½ bardak su
- 1 çay kaşığı Tavuk bulyonu
- 250 gram tavuk ciğeri
- 1 çorba kaşığı Shoyu
- ½ çay kaşığı Soğan tozu, kuru hardal
- ¼ çay kaşığı küçük hindistan cevizi
- ¼ bardak Kuru şeri
- 1 tutam Biber sosu
- 220 gram Su kestanesi
- 6 Pastırma

TALİMATLAR:

a) 1 litrelik bir güveçte su, bulyon ve karaciğerleri birleştirin. Artık pembeleşmeyene kadar 4-5 dakika yüksek ateşte pişirin . Boşaltmak.

b) Pastırmayı kağıt havlu üzerinde yüksek sıcaklıkta 5-6 dakika gevrekleşinceye kadar pişirin. Parçalayın ve bir kenara koyun.

c) Ciğerleri, shoyu'yu, soğanı, hardalı, hindistan cevizini ve şeri'yi bir mutfak robotuna koyun. Pürüzsüz olana kadar karıştır. Biber sosunu azar azar ekleyin. Kestane ve pastırmayı karıştırın.

ç) Tost üçgenlerinin veya krakerlerin üzerine kalın bir şekilde yayın. Önceden hazırlayın ve kağıt kaplı tabağa düzenleyerek tekrar ısıtın. Tamamen ısınıncaya kadar 1-2 dakika boyunca orta-yüksek güç kullanın .

d) Zeytin dilimi veya yenibaharla süsleyin.

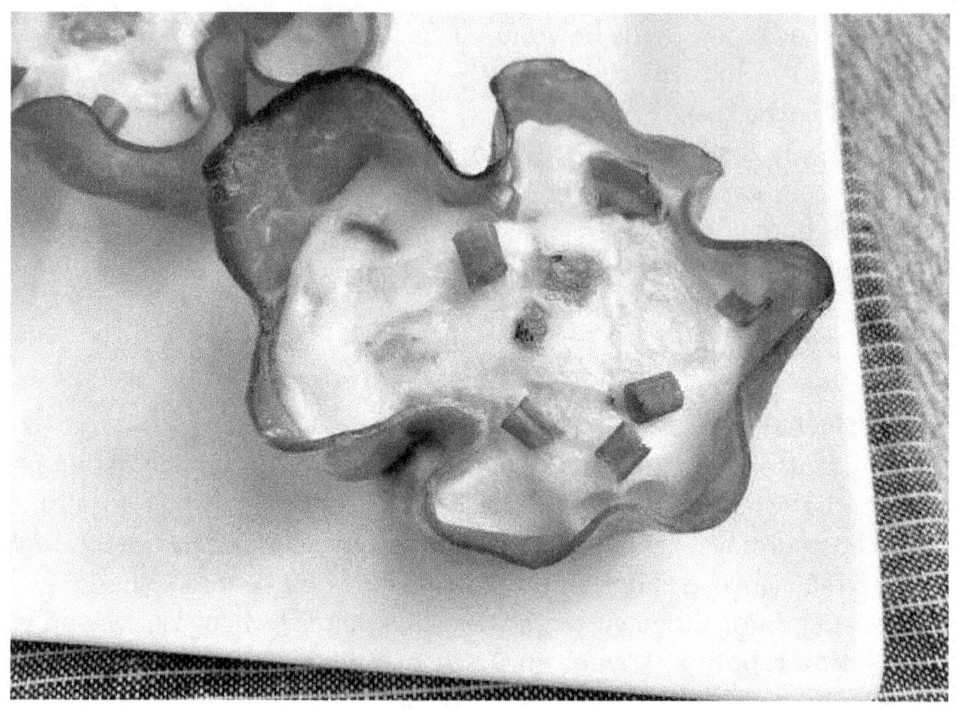

İÇİNDEKİLER:

- 2 bardak çok amaçlı un
- ¼ bardak Şeker
- 2 çay kaşığı Kabartma tozu
- 1 çay kaşığı Tuz
- ¼ çay kaşığı Biber
- 6 Yumurta
- 1 fincan Süt
- ½ pound Tamamen pişmiş jambon; küp şeklinde
- ½ pound Çedar peyniri; doğranmış veya rendelenmiş
- ½ pound Dilimlenmiş pastırma; pişmiş ve ufalanmış
- 1 küçük Soğan ; ince doğranmış

TALİMATLAR:

a) Bir kapta un, şeker, kabartma tozu, tuz ve karabiberi birleştirin. Yumurtaları ve sütü çırpın; iyice karışıncaya kadar kuru malzemeleri karıştırın . Jambon, peynir, pastırma ve soğanı karıştırın.

b) İyice yağlanmış muffin kalıplarının dörtte üçünü doldurun.

c) 350°'de 45 dakika pişirin . Tel rafa çıkarmadan önce 10 dakika soğutun.

İÇİNDEKİLER:

- 16 Medjool tarihi
- 8 dilim pastırma, ikiye bölünmüş
- ¼ bardak viski
- 1 yemek kaşığı akçaağaç şurubu

TALİMATLAR:

a)   Fırını önceden 375°F'ye (190°C) ısıtın.

b)   Hurmaların her birinde küçük bir yarık kesip çekirdeği çıkararak çekirdeklerini çıkarın.

c)   Küçük bir kapta viski ve akçaağaç şurubunu birlikte çırpın.

ç)   Her bir hurmayı yarım dilim pastırmayla sarın ve kürdanla sabitleyin.

d)   Pastırmayla sarılmış hurmaları parşömen kağıdıyla kaplı bir fırın tepsisine yerleştirin.

e)   Viski-akçaağaç sırını tarihlerin üzerine fırçalayın.

f)   Pastırma gevrekleşinceye ve tarihler karamelize olana kadar 15-20 dakika pişirin.

İÇİNDEKİLER:

- 3 yarım tavuk göğsü, tereyağlı
- 2 diş sarımsak, ikiye bölünmüş
- Tatmak için deniz tuzu ve öğütülmüş karabiber
- 1 çay kaşığı acı biber
- 1 çay kaşığı kurutulmuş maydanoz gevreği
- 1 çay kaşığı hardal tozu
- ¼ çay kaşığı öğütülmüş yenibahar
- 6 dilim pastırma
- ½ bardak barbekü sosu
- 2 yemek kaşığı Jack Daniel's

TALİMATLAR:

a) Instant Pot'a 1 ½ bardak su ve metal bir sac ayağı ekleyin.

b) Daha sonra tavuk göğüslerini sarımsakla ovalayın. Tavuğu baharatlarla serpin.

c) Daha sonra her tavuk göğsünü 2 pastırma dilimine sarın; kürdan ile sabitleyin. Sarılı tavuğu metal sac ayağının üzerine indirin.

ç) Kapağı sabitleyin. "Kümes Hayvanı" ayarını seçin ve Yüksek basınç altında 15 dakika pişirin. Pişirme tamamlandığında doğal bir basınç tahliyesi kullanın; kapağı dikkatlice çıkarın.

d) Daha sonra tavuğu Barbekü Sos ve Jack Daniel's ile yağlayın; 15 dakika kadar fırında pişirin. Afiyet olsun!

İÇİNDEKİLER:

- 16 büyük karides, soyulmuş ve ayıklanmış
- 8 dilim pastırma, ikiye bölünmüş
- ¼ bardak Jack Daniel's viski
- ¼ bardak esmer şeker
- 2 yemek kaşığı soya sosu
- 2 yemek kaşığı Dijon hardalı
- 2 diş sarımsak, kıyılmış
- Tatmak için tuz ve karabiber

TALİMATLAR:

a) Bir karıştırma kabında Jack Daniel's viski, esmer şeker, soya sosu, Dijon hardalı, sarımsak, tuz ve karabiberi birlikte çırpın.

b) Karidesleri sığ bir tabağa koyun ve üzerine turşuyu dökün.

c) Çanağı örtün ve en az 30 dakika buzdolabında saklayın.

ç) Fırını 200°C'ye (400°F) önceden ısıtın.

d) Karidesleri marinattan çıkarın ve kalan marinayı atın.

e) Her karidesi yarım dilim pastırmayla sarın ve kürdanla sabitleyin.

f) Karidesleri bir fırın tepsisine yerleştirin ve fırında 10-12 dakika veya pastırma çıtır çıtır olana ve karides tamamen pişene kadar pişirin.

g) Sıcak servis yapın.

İÇİNDEKİLER:

- 2 su bardağı pişmiş kıyılmış tavuk
- ½ bardak çiftlik sosu
- 1 torba tortilla cipsi
- 1 su bardağı rendelenmiş kaşar peyniri
- ¼ bardak ufalanmış pastırma
- ¼ bardak doğranmış taze maydanoz

TALİMATLAR:

a)   Fırını 375°F'ye önceden ısıtın.

b)   Bir kapta, pişmiş kıyılmış tavuğu çiftlik sosuyla karıştırın.

c)   Bir fırın tepsisine tortilla cipslerini tek bir tabaka halinde yayın.

d)   Rendelenmiş kaşar peynirini cipslerin üzerine serpin ve üzerine rendelenmiş kaşar peynirini serpin. tavuk ve çiftlik sosu karışımı.

e)   Üzerine ufalanmış pastırmayı serpin.

f)   10-15 dakika veya peynir eriyip kabarcıklanıncaya kadar pişirin.

g)   Üstüne doğranmış taze maydanozu ekleyin.

İÇİNDEKİLER:

- 1 torba tortilla cipsi
- 2 su bardağı rendelenmiş kaşar peyniri
- 4 çırpılmış yumurta
- 4 dilim pişmiş pastırma, doğranmış
- ½ su bardağı doğranmış domates
- ¼ bardak doğranmış yeşil soğan
- ¼ fincan ekşi krema

TALİMATLAR:

a) Tortilla cipslerini bir fırın tepsisine dizin ve üzerine rendelenmiş peynir, çırpılmış yumurta, doğranmış pastırma, doğranmış domates ve yeşil soğanı ekleyin.

b) 10-15 dakika veya peynir eriyene kadar pişirin.

c) Servis yapmadan önce ekşi krema ile doldurun.

İÇİNDEKİLER:

- 4 adet kırmızı patates
- 2 yemek kaşığı zeytinyağı
- 1 torba tortilla cipsi
- 1 su bardağı rendelenmiş kaşar peyniri
- 1 su bardağı rendelenmiş Monterey Jack peyniri
- 6 dilim pişmiş pastırma, ufalanmış
- ¼ bardak dilimlenmiş yeşil soğan
- ¼ bardak ekşi krema

TALİMATLAR:

a) Fırını 375°F'ye önceden ısıtın.

b) Patatesleri yıkayıp kurulayın ve ardından çatalla her yerine delik açın. Zeytinyağıyla yağlayıp fırın tepsisine dizin. 45-60 dakika veya yumuşayana kadar pişirin.

c) Patatesleri uzunlamasına ikiye bölün ve iç kısımlarını çıkarın, kabuklarında ince bir patates tabakası bırakın.

ç) Bir fırın tepsisine tortilla cipslerini tek bir tabaka halinde yayın. Patates kabuklarını cipslerin üzerine yerleştirin.

d) Rendelenmiş peyniri ve ufalanmış pastırmayı patates kabuklarının ve cipslerin üzerine serpin.

e) 10-15 dakika veya peynir eriyip kabarcıklanıncaya kadar pişirin.

f) Üzerine dilimlenmiş yeşil soğan ve bir tutam ekşi krema ekleyin.

İÇİNDEKİLER:

- 7 dilim Yağsız pastırma
- ½ bardak Su
- ¼ bardak Dijon tarzı hardal
- 2 fincan çok amaçlı un
- ½ çay kaşığı Tuz
- 1 yemek kaşığı Kabartma tozu
- 1 çay kaşığı Taze çekilmiş beyaz biber
- 6 yemek kaşığı soğuk tereyağı; 6 parçaya bölün

TALİMATLAR:

a) Pastırmayı büyük bir tavada gevrekleşinceye kadar pişirin. Boşaltmak için kağıt havluların üzerine yerleştirin ve 2 yemek kaşığı pastırma damlamasını ayırın. Pastırmayı ince ince doğrayın.

b) Metal bıçaklı bir mutfak robotunda su, hardal ve 2 yemek kaşığı pastırma damlamasını birleştirin. Sadece harmanlanana kadar işlem yapın.

c) Metal bıçaklı bir mutfak robotunda un, tuz, kabartma tozu ve beyaz biberi birleştirin. Birleştirme süreci. Tereyağı ekleyin; karışım kaba bir öğüne benzeyene kadar nabız atın. Hardal karışımını ekleyin ve harmanlanana kadar nabız atın. Pastırma ekleyin ve pastırmayı karıştırmaya yetecek kadar bir veya iki kez nabız atın.

ç) Karışımı hafifçe unlanmış bir çalışma yüzeyine yerleştirin. Unlanmış merdaneyle hamuru yarım santim kalınlığında açın. 2 inçlik yuvarlak bir kesiciyi una batırın ve hamurun içine bastırın. Yağlanmamış 2 fırın tepsisine yuvarlakları yerleştirin. Artıkları toplayın ve yuvarlayın ve mümkün olduğu kadar çok tur kesmeye devam edin.

d) Önceden ısıtılmış fırında 10-12 dakika veya altın rengi oluncaya kadar pişirin. Soğutma raflarına aktarın.

İÇİNDEKİLER:

- 2 su bardağı pişmiş makarna ve peynir
- 1 su bardağı panko galeta unu
- ¼ su bardağı rendelenmiş parmesan peyniri
- 2 büyük yumurta
- ½ bardak doğranmış pişmiş pastırma
- ¼ bardak doğranmış yeşil soğan
- Tatmak için biber ve tuz

TALİMATLAR:

a) Fırınınızı 190°C'ye (375°F) önceden ısıtın ve muffin kalıbını yağlayın veya kağıt astarlarla kaplayın.

b) Büyük bir kapta pişmiş makarna ve peynir, panko galeta unu, rendelenmiş Parmesan peyniri, yumurta, doğranmış domuz pastırması, doğranmış yeşil soğan, tuz ve karabiberi birleştirin. İyice birleşene kadar karıştırın.

c) 3. Karışımı hazırlanan muffin kalıbına, her bardağın yaklaşık ¾'ünü dolduracak şekilde kaşıkla dökün.

ç) Yaklaşık 20-25 dakika veya muffinler altın rengi kahverengi olana ve sertleşene kadar pişirin.

d) Fırından çıkarın ve muffin kalıbından çıkarmadan önce birkaç dakika soğumasını bekleyin.

e) Mac ve peynirli kahvaltı keklerini sıcak olarak servis edin ve portatif bir kahvaltı seçeneği olarak tadını çıkarın.

DIP'ler

72.Sarımsak ve pastırma sosu

İÇİNDEKİLER:

- 8 dilim şekersiz pastırma
- 2 su bardağı doğranmış ıspanak
- 1 (8 ons) paket krem peynir, yumuşatılmış
- ¼ bardak tam yağlı ekşi krema
- ¼ fincan sade, tam yağlı Yunan yoğurdu
- 2 yemek kaşığı kıyılmış taze maydanoz
- 1 yemek kaşığı limon suyu
- 6 diş kavrulmuş sarımsak, püresi
- 1 çay kaşığı tuz
- ½ çay kaşığı karabiber
- ½ su bardağı rendelenmiş parmesan peyniri

TALİMATLAR:

a)   Ön ısıtma fırın ile 350°F.

b)   Aşçı domuz pastırması içinde A orta tava üzerinde orta sıcaklık değin gevrek. Kaldırmak domuz pastırması itibaren the tava Ve ayarlamak bir kenara Açık A plaka astarlı ile kağıt Havlu.

c)   Eklemek ıspanak ile the sıcak tava Ve aşçı değin solmuş. Kaldırmak itibaren sıcaklık Ve ayarlamak bir kenara.

ç)   İle A orta tas, eklemek krem peynir, ekşi krem, yoğurt, maydanoz, limon Meyve suyu, sarımsak, tuz, Ve biber Ve vurmak ile A elde tutulan karıştırıcı değin birleştirildi.

d)   Kabaca kesmek domuz pastırması Ve karıştırmak içine krem peynir karışım. Karıştırmak içinde ıspanak Ve Parmesan Peyniri peynir.

e)   Aktar ile BİR 8" × 8" pişirme tava Ve pişmek için 30 dakika veya değin sıcak Ve kabarcıklı.

İÇİNDEKİLER:

- 2 dilim şekersiz pastırma
- 2 orta boy sarı soğan, soyulmuş ve doğranmış
- 2 diş sarımsak, kıyılmış
- 1 bardak patlamış mısır karidesi (panelenmiş tür değil), pişmiş
- 1 orta boy domates, doğranmış
- 3 su bardağı rendelenmiş Monterey jack peyniri
- ¼ çay kaşığı Frank'in Kırmızı-acı sosu
- ¼ çay kaşığı acı biber
- ¼ çay kaşığı karabiber

TALİMATLAR:

a) Aşçı the domuz pastırması içinde A orta tava üzerinde orta sıcaklık değin gevrek, hakkında 5–10 dakika. Kale gres içinde the tava. Sermek the domuz pastırması Açık A kağıt havlu ile Serin. Ne zaman Serin, ufalanmak the domuz pastırması ile senin parmaklar.

b) Eklemek the soğan Ve sarımsak ile the domuz pastırması damlama içinde the tava Ve sote üzerinde orta-düşük sıcaklık değin Onlar öyle yumuşak Ve kokulu, hakkında 10 dakika.

c) Birleştir Tümü içindekiler içinde A yavaş Ocak; karıştırmak Peki. Aşçı kapalı Açık Düşük ayar için 1–2 saat veya değin peynir dır-dir tamamen erimiş.

İÇİNDEKİLER:

- 3 ons ricotta peynir
- 3 ons taze rendelenmiş tuğla peynir
- 3 yemek kaşığı taze Kekik yapraklar
- 6 ons keçi peynir
- 1 **ONS** parmesan zor peynir, taze rendelenmiş
- 4 şeritler kalın kesim domuz pastırması, pişmiş Ve Ufalanmış
- Tuz Ve biber, ile tatmak

TALİMATLAR:

a) Hazırlanmak the fırın için kavurucu.

b) Birleştir Tümü ile ilgili içindekiler içinde A pişirme tabak.

c) Serpmek the Parmesan Peyniri peynir üzerinde the tabak.

ç) Pişmek içinde A önceden ısıtılmış fırın için 5 dakika, veya değin the peynir başlar ile kahverengi Ve kabarcık.

d) Kaldırmak itibaren the fırın Ve sert hemen.

ŞEBEKE

İÇİNDEKİLER:

- 1 bardak Gnocchi
- 4 dilim pastırma, pişmiş ve ufalanmış
- ¼ su bardağı rendelenmiş parmesan peyniri
- ¼ su bardağı rendelenmiş kaşar peyniri
- ¼ bardak ağır krema
- Tatmak için biber ve tuz
- Garnitür için taze maydanoz

TALİMATLAR:

a) Gnocchi'leri paket talimatlarına göre yüzeye çıkana kadar pişirin. Drenaj yapın ve bir kenara koyun.

b) Bir tencerede ufalanmış pastırmayı, rendelenmiş Parmesan peynirini, rendelenmiş kaşar peynirini ve kremayı birleştirin.

c) Tencereyi orta ateşte, peynirler eriyene ve sos krema kıvamına gelinceye kadar sürekli karıştırarak ısıtın.

ç) Pişmiş gnocchi'yi tencereye ekleyin ve peynir ve pastırma sosuyla iyice kaplanana kadar karıştırın.

d) Isınması için birkaç dakika pişirin.

e) Tatmak için tuz ve karabiber ekleyin.

f) Taze maydanozla süsleyin ve Gnocchi'yi Peynirli ve Pastırma Soslu olarak servis edin.

İÇİNDEKİLER:

- 1½ pound öğütülmüş geyik eti
- 1 bardak ekmek kırıntısı
- ½ su bardağı ince doğranmış soğan
- 2 diş sarımsak, kıyılmış
- 2 yumurta, dövülmüş
- 2 yemek kaşığı Worcestershire sosu
- 1 yemek kaşığı Dijon hardalı
- 1 çay kaşığı kurutulmuş biberiye
- ½ çay kaşığı tuz
- ¼ çay kaşığı karabiber
- 8 dilim pastırma

TALİMATLAR:

a) Fırınınızı önceden 375°F (190°C) ısıtın ve ekmek tepsisini yağlayın.

b) Büyük bir kapta, öğütülmüş geyik eti, galeta unu, soğan, sarımsak, yumurta, Worcestershire sosu, Dijon hardalı, biberiye, tuz ve karabiberi birleştirin. Tüm malzemeler eşit şekilde birleşene kadar iyice karıştırın.

c) Karışımı hazırlanan somun tavasına aktarın ve somun şekli verin.

ç) Somunu pastırma dilimleriyle sarın ve gerekirse kürdanla sabitleyin.

d) Önceden ısıtılmış fırında yaklaşık 1 saat veya iç sıcaklık 71°C'ye (160°F) ulaşana kadar pişirin.

e) Fırından çıkarın ve dilimlemeden önce 5-10 dakika dinlendirin. Sıcak servis yapın.

İÇİNDEKİLER:

- 2 çay kaşığı beyaz biber, tercihen taze çekilmiş
- 1 çay kaşığı kür tuzu
- 1 çay kaşığı topuz veya hindistan cevizi
- 1 çay kaşığı kişniş tohumu, tercihen taze çekilmiş
- 1 yemek kaşığı mercanköşk yaprağı, doğranmış
- 3 soğan: 1 kabaca doğranmış, 2 ince dilimlenmiş
- 2 diş sarımsak, doğranmış
- 180g kabuksuz füme pastırma, doğranmış
- 500 gr kıyma
- 500 gr kıyılmış domuz eti
- 350ml buz gibi soğuk su
- 2 yemek kaşığı zeytinyağı
- 6-8 çıtır ekmek rulosu, ısıtıldı ve dilimlenerek açıldı
- bir avuç marul, doğranmış
- 4-6 kornişon, uzunlamasına dilimlenmiş
- hardal, tadı
- yağlama için bitkisel yağ

CHIVE MAYONEZİ İÇİN

- 6 yemek kaşığı mayonez
- küçük bir demet frenk soğanı, kesilmiş
- taze çekilmiş karabiber

TALİMATLAR:

a) Fırını 180°C/160°C Fan/Gaz Mark 4'e önceden ısıtın.

b) Biber, tuz, topuz veya hindistan cevizi, kişniş, mercanköşk, doğranmış soğan ve sarımsağı bir mutfak robotuna koyun ve püre haline gelene kadar çekin. Pastırmayı ekleyin ve iyice karışıp pürüzsüz hale gelinceye kadar tekrar işleyin. Motor çalışırken, robota bir kaşık kıyma koyun ve daha fazlasını eklemeden önce yaklaşık 20 saniye kadar işlemesini bekleyin.

c) Sığır ve domuz kıymasını ekledikten sonra, motoru çalışır durumda tutarak, buz gibi soğuk suyu düzenli bir şekilde dökün.

ç) Pürüzsüz, pate benzeri bir macun elde edene kadar her şeyin birkaç dakika daha işlenmesine izin verin. İşlemci kaseniz küçükse, yeterince pürüzsüz hale getirmek için bunu birkaç parti halinde yapmanız gerekebilir, ardından homojen bir emülsiyon elde edene kadar partileri birlikte çırpın.

d) Karışımı hazırlanan somun kalıbına kazıyın, köşelere iyice bastırın ve toplayın ve kabarmış bir somun ekmek gibi görünecek şekilde yüzeyi düzeltin. Kabın taşacak kadar dolu olduğundan endişelenmeyin; pişerken kabarmaz ve yüksekte yerleştirerek kestiğinizde güzel büyük dilimler elde edersiniz.

e) Keskin bir bıçağı soğuk suyla ıslatın. Bir baklava deseni oluşturmak için yüzey boyunca çapraz çizgiler yapın, yapışmaması için bıçağı silip yeniden ıslatın.

f) Kalıbı fırın tepsisine koyun ve fırına sürün. Yüzeyi kızarıncaya ve kalıbın kenarlarından çekilinceye kadar yaklaşık bir saat 15 dakika pişirin. Tamamen sıcak olmalı; et termometreniz varsa ortası 75°C/170°F olmalıdır; Bunu yapmazsanız, ortasına bir şiş sokun ve 20 saniye bekletin, ardından hızlıca alt dudağınıza dokundurun; ılık yerine sıcak hissedilmelidir.

g) Köfte pişerken mayonez ve frenk soğanını küçük bir kapta karıştırıp biraz biberle baharatlayarak frenk soğanı mayonezi yapın. Bir kenara koyun.

ğ) Yağı ve dilimlenmiş soğanları büyük bir tavaya koyun ve orta ateşte ısıtın, yumuşayana ve hafifçe altın rengi olana kadar yaklaşık 10 dakika kızartın. Isıyı kapatın ve köfte pişene kadar bir kenara koyun.

h) Köfte fırından çıkınca kalıptan çıkarın ve kesme tahtasının üzerine koyun. Kolayca çıkmalı, her iki ucundan bir çatala geçirilmelidir.

ı) 2 cm kalınlığında dilimler halinde kesin.

i) Soğanları tekrar orta ateşe alıp tavanın bir tarafına doğru itin. Leberkäse dilimlerini her iki tarafı da çıtır çıtır olana kadar birer dakika kadar kızartın. Tavanızın büyüklüğüne göre bunu gruplar halinde yapmanız gerekebilir. Köfte dilimlerinin yanında soğanlar güzelce karamelize olmalıdır; eğer çok kızarırlarsa, onları bir tabağa alın.

j) Ruloları birleştirmek için her birinin tabanına frenk soğanı mayonezi sürün ve üzerine biraz marul ve birkaç dilim kornişon ekleyin. Her birine bir dilim leberkäse ve ardından birkaç soğan ekleyin. Çöreğin üst yarısına biraz hardal sürün ve burgerin üzerine bastırın. Derhal servis yapın.

İÇİNDEKİLER:

- 9 lazanya eriştesi, pişmiş ve süzülmüş
- 2 su bardağı rendelenmiş mozarella peyniri
- 1 su bardağı rendelenmiş parmesan peyniri
- 2 su bardağı pişmiş ve doğranmış tavuk
- 1 su bardağı pişmiş ve ufalanmış pastırma
- 1 bardak barbekü sosu
- 2 bardak marinara sosu
- Garnitür için taze kişniş yaprakları (isteğe bağlı)

TALİMATLAR:

a) Fırınınızı önceden 375°F (190°C) ısıtın.

b) Yağlanmış bir fırın tepsisinin dibine ince bir tabaka marinara sosu yayın.

c) Sosun üzerine 3 lazanya eriştesini hafifçe üst üste gelecek şekilde yerleştirin.

ç) Eriştelerin üzerine bir kat rendelenmiş tavuk ve ufalanmış domuz pastırması sürün, ardından rendelenmiş mozzarella peyniri ve rendelenmiş Parmesan peyniri serpin.

d) Peynirin ve etin üzerine bir kat barbekü sosu gezdirin.

e) Erişte, marinara sosu, rendelenmiş tavuk, ufalanmış pastırma, mozzarella peyniri, Parmesan peyniri ve barbekü sosu arasında dönüşümlü olarak katmanları tekrarlayın. Üzerine bir kat marinara sosu ve bol miktarda rendelenmiş mozzarella peyniri serpin.

f) Fırın tepsisini folyo ile örtün ve önceden ısıtılmış fırında 25 dakika pişirin. Daha sonra folyoyu çıkarın ve peynir altın renginde ve kabarcıklı hale gelinceye kadar 10-15 dakika daha pişirin.

g) Lazanya piştikten sonra fırından çıkarın ve servis yapmadan önce birkaç dakika dinlendirin.

ğ) İstenirse taze kişniş yapraklarıyla süsleyin.

İÇİNDEKİLER:

KABUK

- 1 tarif Karabuğdaylı Pizza Kabuğu, Domatesli Pizza Kabuğu, Kekikli Pizza Kabuğu veya Hazır Pizza Kabuğu

TOPLAMLAR

- 1 tarif Kiraz Domates Marinara
- 1 tarif Temel Peynir
- 1 su bardağı doğranmış taze ananas
- 1 tarif Hindistan Cevizli Pastırma veya Patlıcanlı Pastırma
- Zeytinyağı veya Bitkisel Zeytinyağı

TALİMATLAR:

a) Marinaranızı yapın. Daha kalın bir marinara için sosunuzu karıştırırken 1 çorba kaşığı doğranmış güneşte kurutulmuş domates ekleyin. Kurutulmuş domatesler fazla domates suyunu emecektir.

b) Marinarayı kabuğun üzerine yayarak pizzayı birleştirin. Bir kaşıktan peynir parçalarını pizzanın üzerine bırakın. Ananas ve pastırmayı ekleyin. Servis yapmadan önce üzerine birkaç yemek kaşığı zeytinyağı gezdirin.

c) 1 gün buzdolabında saklanacaktır.

80.Jack Daniel'ın Bacon Mac 'n' Peyniri

İÇİNDEKİLER:

- 1 çubuk (4 ons) tereyağı
- 2 yemek kaşığı kıyılmış sarımsak
- ½ su bardağı un
- ¼ bardak Jack Daniel's
- 7 su bardağı tam yağlı süt
- 8 ons Krem peynir
- 1 su bardağı rendelenmiş parmesan
- 3 bardak Meksika karışımı, kıyılmış
- 2 bardak salsa
- ⅛ bardak doğranmış pastırma
- 18 su bardağı pişmemiş penne makarna

TALİMATLAR:

a) Bir tencereye suyu kaynatın ve penne makarna eriştelerini paketin üzerindeki talimatlara göre pişirin. Genellikle yaklaşık 10 dakika.

b) Bu arada bir tencerede 1 paket tereyağını kısık ateşte eritin.

c) Sarımsakları ekleyip kokusu çıkana kadar soteleyin.

ç) Eridikten sonra unu ilave edip 2 dakika, rengi hafif dönene kadar pişirin. Jack Daniel's ile cilalayın.

d) Sütü ekleyip koyulaşmaya başlayıncaya kadar sürekli karıştırın.

e) Krem peynir ekleyin ve birleştirmek için karıştırın.

f) Birleşene kadar yavaş yavaş parmesan ekleyin.

g) Pürüzsüz hale gelinceye kadar yavaş yavaş rendelenmiş Meksika peynirini ekleyin.

ğ) Peynir sosunun en az bir saat soğumasını bekleyin, ardından salsa ekleyin.

h) Makarnanız al dente olunca süzüp tekrar tencereye alın.

ı) Peynir sosunu penne makarnanın üzerine dökün ve birleştirmek için dikkatlice karıştırın.

İÇİNDEKİLER:

- 1 su bardağı pişmiş beyaz uzun taneli pirinç
- ¼ küçük tatlı soğan
- 2 dilim pastırma
- 1 çay kaşığı akçaağaç şurubu
- 1 fincan Demlenmiş Kahve
- ½ bardak süt
- ½ yemek kaşığı tuzsuz tereyağı
- 2 yemek kaşığı mascarpone peyniri
- 1 yemek kaşığı rendelenmiş parmesan peyniri
- ⅛ çay kaşığı şekersiz kakao pişirme
- 1 büyük yumurta
- Tatmak için tuz ve karabiber

TALİMATLAR:

a) Soğanı soyup kıyın.

b) Bir kapta parmesan peyniri ve kakaoyu karıştırın.

c) Pastırmayı yapışmaz bir tavada orta ateşte gevrekleşinceye kadar pişirin. Kağıt havluların üzerine boşaltın ve ardından pastırmayı doğrayın. Pastırmayı akçaağaç şurubu ile küçük bir kaseye koyun. Kaplamak için iyice karıştırın ve bir kenara koyun.

ç) Bir tencerede orta ateşte tereyağını eritin ve soğanı yarı saydam olana kadar pişirin. Kahveyi karıştırın ve kaynamaya bırakın. Pirinci ekleyip karıştırın ve kahve neredeyse emilene kadar pişirin.

d) Tencereye sütü ve mascarpone peynirini ekleyip karıştırın.

e) Mascarpone peynirini eritmek için sürekli karıştırarak pişirin ve sıvı neredeyse emilene kadar sık sık karıştırarak kaynamaya devam edin.

f) Daha sonra pastırma karışımını tencereye alıp karıştırın ve damak tadınıza göre tuz ve karabiber ekleyin.

g) Risottoyu 24 ons ramekine aktarın. Risottonun ortasına bir çukur açın ve yumurtayı kırın.

ğ) Üzerine parmesan peyniri karışımını serpin ve önceden ısıtılmış 400 derece F fırında 7-8 dakika pişirin.

İÇİNDEKİLER:

- 1 kutu makarna ve peynir
- 2 su bardağı tavuk suyu
- 1 su bardağı doğranmış pişmiş pastırma
- ½ bardak ağır krema
- ¼ bardak doğranmış yeşil soğan

TALİMATLAR

a) Mac ve peyniri kutunun üzerindeki talimatlara göre pişirin.

b) Büyük bir tencerede pişmiş makarna ve peyniri, tavuk suyunu, doğranmış pişmiş pastırmayı, ağır kremayı ve doğranmış yeşil soğanları birleştirin.

c) Orta ateşte, ara sıra karıştırarak iyice ısınana kadar ısıtın.

İÇİNDEKİLER:

- 2 büyük yumurta, hafifçe dövülmüş
- 4 bardak tam yağlı süt
- 1 kutu (12 ons) buharlaştırılmış süt
- ¼ su bardağı eritilmiş tereyağı
- 1 yemek kaşığı çok amaçlı un
- 1 çay kaşığı tuz
- 1 paket (16 ons) küçük makarna kabuğu
- 1 su bardağı rendelenmiş provolon peyniri
- 1 su bardağı rendelenmiş Manchego veya Monterey Jack peyniri
- 1 su bardağı rendelenmiş beyaz kaşar peyniri
- 8 pastırma şeridi, pişmiş ve ufalanmış

TALİMATLAR:

a) İlk 6 malzemeyi büyük bir kapta karışana kadar çırpın. Peynirleri ve makarnayı karıştırın; 4-5 litrelik yavaş tencereye dökün.

b) Kapağını kapatıp makarna yumuşayana kadar kısık ateşte yaklaşık 3-3-½ saat pişirin.

c) Yavaş pişiriciyi kapatın ve karışımı çıkarın. Yemekten önce 15 dakika boyunca üzerini örtmeden bekletin. Pastırma serpin.

İÇİNDEKİLER:

- Ballı Buğday Pizza Hamuru Tarifi
- ¼ Bardak Kıyılmış Antep Fıstığı
- 4 Şerit Füme Pastırma, Dilimlenmiş
- ½ Su Bardağı Parmesan Peyniri, Rendelenmiş
- 2 Yemek Kaşığı Natürel Sızma Zeytinyağı
- ½ çay kaşığı Biber, Taze Öğütülmüş
- ½ Fincan Gökkuşağı Karışımı Mikro Yeşiller
- ¼ çay kaşığı Deniz Tuzu
- ½ Bardak Ricotta Peyniri

TALİMATLAR:

a)   Fırını 500 Fahrenheit dereceye kadar önceden ısıtın.

b)   Bir karıştırma kabında Ricotta, Parmesan, Zeytinyağı, Deniz Tuzu ve Biberi birleştirin. İyice karıştır.

c)   Hazırlanan pizza hamurunu dolguyla kaplayın.

ç)   Antep fıstığının yarısını üstüne koyun, ardından pastırmayı katlayın.

d)   16 dakika veya pastırma gevrekleşinceye ve hamur altın kahverengi olana kadar pişirin.

e)   Kalan antep fıstığı ve mikro yeşilliklerle süsleyin.

SALATALAR

İÇİNDEKİLER:

- 1 kiloluk patates gnocchi
- Kıyılmış marul
- Pişmiş pastırma, ufalanmış
- Rendelenmiş parmesan peyniri
- Sezar Sosu
- Kızarmış ekmek

TALİMATLAR:

a) Gnocchi'yi paket talimatlarına göre pişirin, ardından süzün ve bir kenara koyun.

b) Büyük bir kapta doğranmış marul, pişmiş domuz pastırması, rendelenmiş Parmesan peyniri ve krutonları birleştirin.

c) Pişmiş gnocchi'yi kaseye ekleyin ve üzerine Sezar sosu gezdirin.

ç) Tüm malzemeleri sosla kaplamak için yavaşça atın.

d) Sezar gnocchi salatasını doyurucu ve doyurucu bir seçenek olarak servis edin.

İÇİNDEKİLER:

- 2 ıstakoz kuyruğu, pişmiş ve eti çıkarılmış
- 4 su bardağı karışık salata yeşillikleri
- 4 dilim pişmiş pastırma, ufalanmış
- 2 adet haşlanmış yumurta, doğranmış
- 1 avokado, doğranmış
- ¼ bardak ufalanmış mavi peynir
- ¼ bardak kiraz domates, yarıya bölünmüş
- 2 yemek kaşığı kıyılmış frenk soğanı
- Servis için çiftlik sosu

TALİMATLAR:

a) Istakoz etini ısırık büyüklüğünde parçalar halinde doğrayın.

b) Karışık salata yeşilliklerini servis tabağına dizin.

c) Üzerine doğranmış ıstakoz eti, ufalanmış domuz pastırması, doğranmış haşlanmış yumurta, doğranmış avokado, ufalanmış mavi peynir, kiraz domates ve doğranmış frenk soğanı ekleyin.

ç) Çiftlik sosunu gezdirin veya sosu yan tarafta servis edin.

d) Tatları birleştirmek için malzemeleri servis yapmadan hemen önce bir araya getirin.

e) Bu doyurucu ıstakoz Cobb salatasındaki malzemelerin tatmin edici kombinasyonunun tadını çıkarın.

İÇİNDEKİLER:
SALATA
- 2 adet tam mücevher marul, uzunlamasına ikiye bölünmüş
- 8 döküntü, çizgili domuz pastırması füme
- 2 ons kruton
- 2 ons beyaz peynir
- 2 limon, ikiye bölünmüş
- 2 yemek kaşığı parmesan, traşlanmış
PANSUMAN
- 1 diş sarımsak, ezilmiş
- 2 hamsi, ince doğranmış
- 5 yemek kaşığı mayonez
- 1 yemek kaşığı beyaz şarap sirkesi

TALİMATLAR:
a) Bir karıştırma kabına sos malzemelerinin tamamını ekleyin ve pürüzsüz hale gelinceye kadar çırpın.

b) Grizzler tavasını odun fırınında önceden ısıtın .

c) Grizzler'ı odun fırınından çıkarın ve pastırmayı tavaya ekleyin.

ç) Odun fırınınızda üç dakika veya domuz pastırması kızarana kadar pişirin.

d) Tavayı ocaktan alın ve ikiye bölünmüş marulları ve limonları Grizzler'daki pastırmanın üzerine yerleştirin .

e) Fırında 1 dakika veya marul ve limonların alt kısımlarında kömürde ızgara izleri oluşana kadar pişirin.

f) Tava içeriğini çıkarın ve servis tabağına yerleştirin.

g) Marulun üzerine ufalanmış beyaz peynir, bol miktarda sos ve bir avuç çıtır kruton ekleyin.

İÇİNDEKİLER:

- 1 kutu makarna ve peynir
- ½ bardak pişmiş ve ufalanmış pastırma
- ¼ bardak doğranmış yeşil soğan
- ¼ bardak doğranmış kiraz domates
- ¼ bardak çiftlik sosu

TALİMATLAR:

a) Mac ve peyniri kutunun üzerindeki talimatlara göre pişirin. Soğumaya bırakın.

b) Ayrı bir kapta pişmiş ve ufalanmış pastırmayı, doğranmış yeşil soğanları, doğranmış kiraz domatesleri ve ranch sosunu karıştırın.

c) Soğutulmuş makarnayı ve peyniri ekleyin ve her şey eşit şekilde kaplanana kadar karıştırın.

İÇİNDEKİLER:

- 1 kutu makarna ve peynir
- ½ bardak pişmiş ve ufalanmış pastırma
- ¼ bardak doğranmış yeşil soğan
- ¼ bardak doğranmış kiraz domates
- ¼ bardak mayonez
- 1 yemek kaşığı Dijon hardalı
- Tatmak için biber ve tuz

TALİMATLAR:

a) Mac ve peyniri kutunun üzerindeki talimatlara göre pişirin. Soğumaya bırakın. Ayrı bir kapta mayonezi, Dijon hardalını, tuzu ve karabiberi karıştırın.

b) Soğutulmuş makarna ve peynire pişmiş pastırmayı, doğranmış yeşil soğanı ve doğranmış kiraz domatesleri ekleyin.

c) Mayonez karışımını üstüne dökün ve her şey eşit şekilde kaplanana kadar karıştırın.

İÇİNDEKİLER:

- 1 kutu makarna ve peynir
- 1 su bardağı doğranmış pişmiş brokoli
- ½ bardak pişmiş ve ufalanmış pastırma
- ¼ bardak doğranmış yeşil soğan
- ¼ bardak mayonez
- 1 yemek kaşığı Dijon hardalı

TALİMATLAR:

a) Mac ve peyniri kutunun üzerindeki talimatlara göre pişirin. Soğumaya bırakın.

b) Ayrı bir kapta mayonez ve Dijon hardalını karıştırın. Soğutulmuş makarna ve peynire doğranmış pişmiş brokoliyi, pişmiş ve ufalanmış pastırmayı ve doğranmış yeşil soğanları ekleyin.

c) Mayonez karışımını üstüne dökün ve her şey eşit şekilde kaplanana kadar karıştırın.

YANLAR

İÇİNDEKİLER:

- Limonlu aioli _
- 1 bardak mayonez
- 1 limon, kabuğu rendelenmiş ve suyu sıkılmış
- 3-5 diş sarımsak, kıyılmış
- Brüksel lahanası
- 2 kilo Brüksel lahanası, sarı yaprakları kesilmiş
- 2 yemek kaşığı sızma zeytinyağı
- 2-4 şerit pastırma ½ 'parçalara kesilir.
- 3 dal kekik

TALİMATLAR:
LİMON AİOLİSİNİN HAZIRLANMASI:

a) Mayonez, limon suyu, lezzet, sarımsak ve 14 çay kaşığı tuz ve karabiberi küçük bir kasede birleştirin. İyice karıştırın.

b) Aioli'yi kullanıma hazır oluncaya kadar sıkıca kapatılmış bir kapta veya kavanozda soğutun. Üç gün önceden hazırlayabilirsiniz.

BRÜKSEL LAHANASI İÇİN:

c) Fırına dayanıklı büyük bir tavayı orta-yüksek sıcaklığa ısıtın.

ç) Ayrı bir kapta zeytinyağı, pastırma ve kekiği birleştirin; 14 çay kaşığı tuz ve bir tutam karabiber ile tatlandırın. Sık sık karıştırarak 4 dakika veya pastırma yağı eriyene kadar pişirin.

d) Brüksel lahanalarını atın ve tavayı her 2-3 dakikada bir karıştırarak 10-20 dakika pişirin. Brüksel'in hassasiyeti çıkışlar kontrol edilmelidir.

e) Tavayı odun fırınına aktarın ve filizleri yumuşayana kadar yaklaşık 15 dakika kızartın, pastırmanın yapışmasını ve yanmasını önlemek için tavayı sallayın veya büyük bir kaşıkla çevirin.

f) Odun fırınından çıkarın ve fırında sıcak tutun veya hemen servis yapın.

BEN

İÇİNDEKİLER:

- 10 ons füme pastırma , doğranmış
- 1 fincan kurutulmuş cannellini fasulyesi
- 3 ons kiraz domates, yarıya bölünmüş
- 1 soğan, ince doğranmış
- 1 diş sarımsak, ezilmiş
- ½ çay kaşığı öğütülmüş yenibahar
- 1 defne yaprağı
- 1½ bardak kaynayan su
- 2 yemek kaşığı siyah pekmez
- ⅛ su bardağı esmer şeker
- 1 çay kaşığı İngiliz hardalı
- Tuz ve taze çekilmiş karabiber

TALİMATLAR:

a)   Pişmiş toprak veya toprak güveç kabında pastırmayı, ıslatılmamış kuru fasulyeyi ve domatesleri birleştirin.

b)   Soğan, sarımsak ve baharatların yanı sıra defne yaprağını da ekleyip karıştırın.

c)   Şekeri ve hardalı tamamen eriyene kadar karıştırın, ardından tuz ve karabiberle tatlandırın.

d)   Sıkı oturan bir kapakla veya sıkıca sarılmış folyoyla örtün.

e)   Bir akşam pişirme işleminin sonunda, başlangıç sıcaklığının yaklaşık 180°C (350°F) olduğu serin bir fırına koyun ve gece boyunca bekletin.

İÇİNDEKİLER:

- 4 adet büyük boy patates
- 2 yemek kaşığı bitkisel yağ
- 1 yemek kaşığı çiftlik baharat karışımı
- ½ su bardağı rendelenmiş kaşar peyniri
- 4 dilim pişmiş pastırma, ufalanmış
- Garnitür için kıyılmış taze maydanoz (isteğe bağlı)

TALİMATLAR:

a) Fırını önceden 220°C'ye (425°F) ısıtın ve fırın tepsisini parşömen kağıdıyla kaplayın.

b) Patatesleri kabuklarını açık bırakarak yıkayıp kurulayın. Bunları ¼ ila ½ inç kalınlığında kızartmalar halinde kesin.

c) Büyük bir kapta, patates kızartmasını bitkisel yağ ve çiftlik baharatı karışımıyla karıştırın.

d) Kızartmaları fırın tepsisine tek kat halinde yerleştirin ve çıtır çıtır olana kadar 25-30 dakika pişirin.

e) Fırından çıkarıp üzerine rendelenmiş kaşar peyniri ve ufalanmış pastırma serpin.

f) Peynir eriyene kadar 2-3 dakika daha fırına verin.

g) Arzu ederseniz kıyılmış taze maydanozla süsleyip sıcak olarak servis yapın.

İÇİNDEKİLER:

- 4 adet büyük boy patates
- 2 yemek kaşığı bitkisel yağ
- 1 su bardağı rendelenmiş kaşar peyniri
- ½ bardak pişmiş pastırma, ufalanmış
- 1 su bardağı kavrulmuş Brüksel lahanası, doğranmış
- ¼ bardak ekşi krema
- Garnitür için kıyılmış taze maydanoz

TALİMATLAR:

a) Fırını önceden 220°C'ye (425°F) ısıtın ve fırın tepsisini parşömen kağıdıyla kaplayın.

b) Patatesleri kabuklarını açık bırakarak yıkayıp kurulayın. Bunları ¼ ila ½ inç kalınlığında kızartmalar halinde kesin.

c) Büyük bir kapta, patates kızartmasını bitkisel yağla eşit şekilde kaplanana kadar karıştırın.

d) Kızartmaları fırın tepsisine tek kat halinde yerleştirin ve çıtır çıtır olana kadar 25-30 dakika pişirin.

e) Patatesleri fırından alıp üzerine rendelenmiş kaşar peyniri serpin.

f) Peynir eriyene kadar patatesleri birkaç dakika daha fırına koyun.

g) Fırından çıkarın ve peynirli patates kızartmasının üzerine ufalanmış pastırma, kavrulmuş Brüksel lahanası ve biraz ekşi krema ekleyin.

h) Kıyılmış taze maydanozla süsleyin.

i) Sıcak servis yapın ve Noel kutlamaları için şenlikli ve lezzetli Peynirli Pastırma Brüksel Lahanası Kızartmasının tadını çıkarın.

İÇİNDEKİLER:

- 4 su bardağı haşlanmış patates, soğutulmuş ve yuvarlak dilimlenmiş
- 2 yemek kaşığı bitkisel yağ
- 1 soğan, ince dilimlenmiş
- 4 dilim pastırma, doğranmış
- 1 çay kaşığı kırmızı biber
- 1/2 çay kaşığı tuz
- 1/4 çay kaşığı karabiber
- Kıyılmış taze maydanoz (süslemek için)

TALİMATLAR:

a) Bitkisel yağı büyük bir tavada orta ateşte ısıtın.

b) Kıyılmış pastırmayı tavaya ekleyin ve gevrek olana kadar pişirin.

c) Pastırmayı tavadan çıkarın ve bir kenara koyun.

ç) Aynı tavaya dilimlenmiş soğanları ekleyin ve yumuşak ve altın rengi kahverengi olana kadar soteleyin.

d) Haşlanmış patates turtalarını tavaya ekleyin ve her tarafı yaklaşık 5-7 dakika, çıtır ve hafifçe kızarıncaya kadar pişirin.

e) Patateslerin üzerine kırmızı biber, tuz ve karabiber serpin ve eşit şekilde kaplayacak şekilde iyice karıştırın.

f) Tatların birbirine karışmasını sağlamak için patatesleri 2-3 dakika daha pişirin.

g) Tavayı ocaktan alın ve çıtır pastırmayı patateslerin üzerine serpin.

ğ) Taze doğranmış maydanozla süsleyin.

h) Alman kızartmasını lezzetli bir garnitür veya doyurucu bir atıştırmalık olarak sıcak olarak servis edin.

İÇİNDEKİLER:

- Dondurulmuş patates kızartması
- Haşlanmış tavuk göğsü, doğranmış veya rendelenmiş
- Çıtır pastırma, ufalanmış
- Çiftlik sosu
- Rendelenmiş peynir
- Kıyılmış taze maydanoz (isteğe bağlı)

TALİMATLAR:

a) Fırını önceden ısıtın ve dondurulmuş patates kızartmasını paketteki talimatlara göre pişirin.

b) Patatesler piştikten sonra fırına dayanıklı bir tabağa veya fırın tepsisine aktarın.

c) Patateslerin üzerine doğranmış veya kıyılmış pişmiş tavuk göğsü ekleyin.

ç) Çıtır pastırma parçalarını tavuğun üzerine serpin.

d) Patates kızartmasının üzerine ranch sosunu gezdirin.

e) Üzerine rendelenmiş peyniri serpin.

f) Peynir eriyip kabarcıklanıncaya kadar birkaç dakika fırında kızartın.

g) Fırından çıkarın ve isteğe göre kıyılmış taze maydanozla süsleyin.

İÇİNDEKİLER:

- 4 adet büyük boy patates
- 2 yemek kaşığı bitkisel yağ
- 1 su bardağı rendelenmiş kaşar peyniri
- ½ bardak pişmiş pastırma, ufalanmış
- ¼ bardak dilimlenmiş yeşil soğan
- ¼ bardak ekşi krema

TALİMATLAR:

a) Fırını önceden 220°C'ye (425°F) ısıtın ve fırın tepsisini parşömen kağıdıyla kaplayın.

b) Patatesleri kabuklarını açık bırakarak yıkayıp kurulayın. Bunları ¼ ila ½ inç kalınlığında kızartmalar halinde kesin.

c) Büyük bir kapta patates kızartmasını bitkisel yağla karıştırın.

d) Kızartmaları fırın tepsisine tek kat halinde yerleştirin ve çıtır çıtır olana kadar 25-30 dakika pişirin.

e) Fırından çıkarın ve rendelenmiş kaşar peynirini patateslerin üzerine eşit şekilde serpin. Peynir eriyene kadar birkaç dakika daha fırına dönün.

f) Fırından çıkarın ve yüklü patates kızartmasının üzerine ufalanmış pastırma, dilimlenmiş yeşil soğan ve bir parça ekşi krema ekleyin.

g) Sıcak servis yapın ve Aziz Patrick Günü kutlamaları için İrlanda esintili dolgulu patates kızartmasının tadını çıkarın.

TATLI

98.Etobur Kek

İÇİNDEKİLER:
BRAUNSCHWEIGER

- ¼ pound domuz omuzu veya sığır dili, küp şeklinde kesilmiş
- 10 ons domuz veya sığır karaciğeri, küpler halinde kesilmiş
- 2 adet haşlanmış yumurta, soyulmuş
- 6 ons domuz yağı, küpler halinde kesilmiş
- 1 ½ çay kaşığı pembe deniz tuzu

TOPLAMA İÇİN

- 6 dilim prosciutto veya Carpaccio
- 6 dilim pastırma

TALİMATLAR:

a)   Bu yemeği yemekten 1-2 gün önce yapın.

b)   Bir mutfak robotuna domuz karaciğeri, omuz ve yağ küplerini ekleyin ve iyice işleyin.

c)   Yaylı formlu bir tavaya dökün. Tavayı, suyun tavaya girmeyeceği şekilde folyo ile örtün. Sıkıca sarıldığından emin olun.

ç)   Yaylı tavadan daha büyük bir kızartma tavası alın ve tavanın dibine bir inç kaynar su dökün.

d)   Yaylı form tavasını kızartma tavasına yerleştirin.

e)   Kızartma tavasını yaylı tavayla birlikte yaklaşık 2 saat fırına yerleştirin. Kızartma tavasını fırına yerleştirmeden önce fırınınızın önceden 300° F'ye ısıtıldığından emin olun.

f)   Yaylı form tavasını fırından çıkarın. Tavada bir yumurtanın sığabileceği kadar büyük 2 delik açın. Her birine haşlanmış yumurta koyun. Yumurtaları bir kaşık dolusu etle kaplayın.

g)   Soğutun ve 1-2 gün buzdolabında bekletin.

ğ)   Üzerine prosciutto ve pastırma dilimlerini yerleştirin. Sert.

İÇİNDEKİLER:
Akçaağaç Pastırmalı DONDURMA İÇİN:
- 1 bardak ağır krema
- 1 bardak tam yağlı süt
- 3/4 bardak saf akçaağaç şurubu
- 4 yumurta sarısı
- 1/2 çay kaşığı vanilya özü
- 4 dilim pastırma, pişmiş ve ufalanmış

Akçaağaç Sırlı Çörekler İçin:
- 2 fincan çok amaçlı un
- 1/2 su bardağı toz şeker
- 2 çay kaşığı kabartma tozu
- 1/2 çay kaşığı tuz
- 1/2 bardak tam yağlı süt
- 2 yemek kaşığı tuzsuz tereyağı, eritilmiş
- 1 büyük yumurta
- 1 çay kaşığı vanilya özü
- Kızartmak için bitkisel yağ

AĞAÇ SIRASI İÇİN:
- 1 su bardağı pudra şekeri
- 2 yemek kaşığı saf akçaağaç şurubu
- 1-2 yemek kaşığı süt

TALİMATLAR:
Akçaağaç Pastırmalı Dondurmanın Hazırlanışı:
a) Bir tencerede ağır kremayı, sütü ve akçaağaç şurubunu orta ateşte buharlaşmaya başlayıncaya kadar ısıtın. Kaynamasına izin vermeyin.

b) Ayrı bir kapta yumurta sarılarını pürüzsüz olana kadar çırpın. Sıcak krema karışımının yaklaşık yarısını sürekli çırparak yavaşça yumurta sarısına dökün.

c) Yumurta sarısı karışımını, kalan krema karışımıyla birlikte tekrar tencereye dökün. Karışım kalınlaşıncaya ve kaşığın arkasını kaplayana kadar sürekli karıştırarak kısık ateşte pişirin. Kaynamasına izin vermeyin.

ç) Ateşten alın ve vanilya özütünü ekleyerek karıştırın. Karışımın tamamen soğumasını bekleyin, ardından en az 4 saat veya gece boyunca buzdolabında saklayın.

d) Soğuduktan sonra karışımı üreticinin talimatlarına göre bir dondurma makinesinde çalkalayın. Çalkalamanın son birkaç dakikasında ufalanmış pastırmayı ekleyin. Dondurmayı kapaklı bir kaba aktarın ve sertleşene kadar birkaç saat dondurun.

Akçaağaç Sırlı Çörekleri HAZIRLAYIN:

e) Büyük bir karıştırma kabında un, şeker, kabartma tozu ve tuzu birlikte çırpın.

f) Ayrı bir kapta sütü, eritilmiş tereyağını, yumurtayı ve vanilya özünü birlikte çırpın.

g) Islak malzemeleri kuru malzemelerin içine dökün ve birleşene kadar karıştırın. Aşırı karıştırmayın.

ğ) Unlu bir yüzeyde hamuru 1/2 inç kalınlığa kadar açın. Bir çörek kesici veya iki farklı boyutta yuvarlak kurabiye kalıbı kullanarak çörek şekillerini kesin.

h) Bitkisel yağı derin bir tencerede veya fritözde 175°C'ye (350°F) ısıtın. Donutları gruplar halinde, bir kez çevirerek, altın rengi kahverengi olana ve tamamen pişene kadar kızartın. Yağdan çıkarın ve kağıt havluların üzerinde süzülmesini bekleyin.

Akçaağaç Sırını HAZIRLAYIN:

ı) Bir kasede pudra şekeri ve akçaağaç şurubunu iyice birleşene kadar çırpın.

i) 1 yemek kaşığı süt ekleyin ve pürüzsüz hale gelinceye kadar çırpın. Sır çok kalınsa bir çorba kaşığı süt daha ekleyin ve istenilen kıvama gelinceye kadar çırpın.

BİRLEŞTİRMEK:

j) Soğutulmuş her çöreği akçaağaç sırına batırın ve fazla sırın damlamasını sağlayın.

k) Sırlı çörekleri tel rafın üzerine yerleştirin ve sırın birkaç dakika soğumasını bekleyin.

l) Akçaağaç pastırmalı dondurmayı akçaağaç sırlı çöreklerin yanında servis edin.

İÇİNDEKİLER:

- ½ bardak Şeker, kahverengi; sıkıca paketlenmiş
- ½ çay kaşığı Tarçın, öğütülmüş
- 4 Muz, sert
- Limon suyu; taze sıkılmış
- 4 pastırma şeridi
- 8 Elma halkası

TALİMATLAR:

a) Şeker ve tarçını karıştırın.

b) Muzları soyun; limon suyuyla fırçalayın ve şeker karışımına batırın.

c) Her bir muzun etrafına bir pastırma şeridi sarın; tahta kazmalarla sabitleyin. kalan şeker karışımını elma halkalarına sıçratın .

ç) , yiyecek yüzeyi ısı kaynağının 3 inç altına gelecek şekilde ızgara rafına yerleştirin . Meyveyi bir kez çevirerek 8 ila 10 dakika ızgara yapın .

ÇÖZÜM

Pastırma dolu yolculuğumuzu birlikte tamamlarken, bu yemek kitabının bu sevilen malzemeye olan sevginizi ateşlediğini ve mutfak ufkunuzu genişlettiğini umuyoruz. Pastırmanın olanakları gerçekten sonsuzdur ve biz bu tariflerde pastırma potansiyelinin yalnızca yüzeyini çizdik.

Bu sayfalardan edindiğiniz bilgi ve becerileri almanızı ve kendi yaratımlarınızı denemenizi öneririz. Pastırmayı beklenmedik malzemelerle birleştirin, farklı pişirme yöntemlerini keşfedin ve damak tadınızın sizi yönlendirmesine izin verin. Pastırmayla zenginleştirilmiş zaferlerinizi arkadaşlarınızla ve ailenizle paylaşın ve yüzlerinin mutlulukla aydınlandığını görmenin keyfini çıkarın.

Pastırmanın yalnızca bir malzeme olmadığını unutmayın; bu bir deneyimdir; her yemeğe derinlik ve heyecan katan bir tatlar senfonisi. İster rahatlatıcı bir kahvaltı ikramı, iştah açıcı bir meze veya ağız sulandıran bir ana yemek olarak tadını çıkarın, pastırma sıradan bir yemeği olağanüstü bir yemeğe dönüştürme gücüne sahiptir.

Pastırma dolu bu maceraya bize katıldığınız için teşekkür ederiz. Mutfağınız her zaman cızırtılı pastırmanın karşı konulmaz aromasıyla dolsun, damak tadınız onun kattığı lezzetlerle sonsuza kadar dans etsin. Mutlu yemek pişirme ve afiyet olsun!

www.ingramcontent.com/pod-product-compliance
Lightning Source LLC
Chambersburg PA
CBHW051052050726
47592CB00002B/499